Manuel pratique de terminologie

DU MÊME AUTEUR

Leméac et Radio-Canada
> *Objectif 200, deux cents fautes à corriger,* 1971
> *Vocabulaire de gestion,* 1974
> *Vocabulaire bilingue du théâtre,* 1979
> *Vocabulaire de la production télévision,* 1982

Les Entreprises Radio-Canada
> *Vocabulaire bilingue de la gestion des salaires,* 1987
> *Vocabulaire bilingue du droit d'auteur appliqué à l'audiovisuel,* 1988
> *Vocabulaire bilingue pour l'amateur de disque compact,* 1989

Linguatech
> *Vocabulaire bilingue de la publicité,* 1991
> *Une grammaire pour écrire,* 1996
> *Terminology: A Practical Approach,* adaptation d'Elaine Kennedy, 1997
> *En français dans le texte,* 2ᵉ édition, 2000

CHEZ LE MÊME ÉDITEUR

La traduction technique – Principes et pratique, de Claude Bédard, 1986
La traduction médicale – Une approche méthodique, de Maurice Rouleau, 1994
Initiation à la traductique, de Marie-Claude L'Homme, 2000
Internet – Répertoire bilingue de combinaisons lexicales spécialisées français-anglais / Bilingual Inventory of Lexical Combinations English-French, d'Isabelle Meynard, 2000
Vocabulaire et cooccurrents de la comptabilité, de Philippe Caignon, 2001

Robert Dubuc

Manuel pratique de terminologie

(4e édition entièrement revue)

Données de catalogage avant publication (Canada)		
Dubuc, Robert, 1930-		
Manuel pratique de terminologie		
4ᵉ éd. Comprend des réf. bibliogr. et un index.		
ISBN 2-920342-42-8		
1. Français (Langue) – Mots et locutions. 2. Terminologie. I. Linguatech (Firme). II. titre.		
PC2619.D83 2002	440.1'4	C2002-940871-7

Révision : Jocelyne Dorion
Correction d'épreuves : Réal Sirois
Maquette de la couverture et mise en page : Martine Raffin
Illustration : Robert Dubuc

© Linguatech éditeur inc., 2002

Dépôt légal : 3ᵉ trimestre 2002
Bibliothèque nationale du Québec
Bibliothèque nationale du Canada

Linguatech éditeur inc.
Case postale 92012, Place Portobello
Brossard (Québec) J4W 3K8
Téléphone et télécopieur : (450) 443-9851
lingua@ican.net
http://home.ican.net/~lingua

PRÉFACE DE LA PREMIÈRE ÉDITION

Aux prises, depuis bientôt un demi-siècle, avec l'insuffisance frustrante des dictionnaires bilingues ou multilingues, j'avais souvent rêvé de consacrer une éventuelle retraite à la réalisation d'un dictionnaire bilingue qui pût satisfaire davantage le traducteur, en lui fournissant plus de renseignements et des choix plus rationnels pour chacune des entrées de ce dictionnaire.

J'étais loin de m'attendre à ce que les circonstances me fournissent plus tôt l'occasion de réaliser ce rêve d'une manière beaucoup plus moderne, très xxe siècle, très spectaculaire et, surtout, infiniment plus pratique que le traditionnel dictionnaire imprimé, toujours en retard et jamais complet.

Le dictionnaire automatique réalisé avec la Banque de terminologie de l'Université de Montréal a été l'œuvre d'une équipe, œuvre dans laquelle l'auteur du Manuel pratique de terminologie, *Robert Dubuc, a su mettre, outre son expérience et sa compétence professionnelles et péda-gogiques, toute son âme. Quiconque connaît Robert Dubuc sait ce que je veux dire par là. Peu d'hommes, en effet, auraient su consacrer à la fois autant de rigueur, de détermination, de patience et de souplesse à l'étude et à la mise sur pied d'une telle entreprise. Je connais bien peu de personnes capables d'entraîner à leur suite, avec autant de conviction et de désin-téressement, tous ceux qui ont voulu tâter de la terminologie, qu'ils aient été traducteurs d'expérience ou étudiants.*

Robert Dubuc commençait sa carrière de traducteur au gouvernement fédéral lorsque je l'ai connu, mais c'est à Montréal, lorsqu'il entra au Service de linguistique de la Société Radio-Canada, que j'ai été témoin de son infatigable activité professionnelle et de la rigoureuse qualité de cette activité, qui s'est traduite, entre autres, par les fiches terminologiques et les bulletins de linguistique de Radio-Canada, dont la réputation a franchi toutes les frontières de la francophonie et dont il a été, avec Philippe Desjardins, Jean-Marie Laurence et d'autres, le principal artisan, activité qu'il a reprise depuis 1975.

Les nombreux cours et conférences qu'il a donnés, sa participation ininterrompue, depuis la fondation, au Journal des traducteurs, *puis à la revue* Meta, *qui lui a succédé, ses articles de revue et la douzaine de vocabulaires bilingues qu'il a publiés, seul ou avec d'autres, témoignent également du respect qu'il a pour sa profession de traducteur aussi bien que de l'amour indéniable qu'il porte à la langue française. Sa langue, il en connaît à fond toutes les ressources et il les emploie avec un grand souci de correction sans que pour autant il puisse être taxé de purisme.*

À Radio-Canada, Robert Dubuc était donc terminologue[1], avant même que ce mot ne vit le jour, et les fiches de terminologie de Radio-Canada ont été les précurseurs des fiches de la Banque de terminologie de l'Université de Montréal. C'est pas à pas que Robert Dubuc et son équipe, à partir du 1er octobre 1970 et en étroite collaboration avec Jean-François Grégoire et son équipe d'informaticiens du Centre de calcul de l'Université, ont mis au point les fiches terminologiques et le système TERMIUM conçu pour traiter ces fiches, les emmagasiner et les diffuser automatiquement. Chacun de ces pas a été soigneusement noté, décrit et expliqué par Robert Dubuc, en vue d'assurer l'uniformité de la marche à suivre et de mettre au point une méthode rationnelle de recherche terminologique.

C'est sur cette méthode, minutieusement élaborée, expérimentée et soumise à la critique avec tout le désintéressement de l'homme de science,

---

1. Le Petit Robert (1978) est le premier dictionnaire à consigner ce mot.
« Terminologue : n. (mil. xxᵉ; au Québec; de terminologie). Didact. Spécialiste de la terminologie (2°) *Cf.* Lexicographe. »
Les dictionnaires viennent tout juste d'accueillir, à côté du nouveau mot *terminologue* auquel d'ailleurs il se rattache, un sens nouveau de *terminologie*. Une terminologie était jusqu'ici un « ensemble de mots techniques appartenant à une science, un art, à un chercheur ou un groupe de chercheurs ». Dans l'édition de 1978, le Petit Robert ajoute ce deuxième sens :
« Étude systématique des "termes" ou mots et syntagmes spéciaux servant à dénommer classes d'objets et concepts (v. Lexicographie); principes généraux qui président à cette étude. »

à la fois convaincu du bien-fondé de son cheminement et plein de modestie à l'égard de son œuvre, que repose l'enseignement de Robert Dubuc à l'École de traduction de l'Université de Montréal, et c'est cette méthode qui fait l'objet du Manuel pratique de terminologie *qu'il présente aujourd'hui à ses collègues, à ses étudiants et, peut-on même ajouter, à toute la francophonie, puisque son ouvrage est publié en coédition par le Conseil international de la langue française, ce qui ajoute un fleuron, qui n'est pas négligeable en ce domaine, à la couronne de Robert Dubuc et réjouira tous ses collaborateurs de la Banque de terminologie de l'Université de Montréal, tous ceux pour qui le français est une langue à laquelle ils tiennent et à la défense et à l'illustration de laquelle ils souhaitent apporter une active contribution canadienne.*

Je n'essaierai pas d'expliquer les distinctions que font les terminologues que nous croyons être entre **terminologie** *et* **lexicographie**, *Robert Dubuc s'en charge avec compétence dans son manuel. Toutefois, il ne serait peut-être pas inutile d'insister sur le fait que ce qui nous a poussés à réaliser la première banque de terminologie en Amérique, ce sont les besoins des traducteurs. Or les problèmes de terminologie auxquels ils ont à faire face ne sont pas nécessairement des problèmes lexicographiques, où la définition des concepts est l'unique solution. En effet, tous ceux qui ont travaillé en deux langues se sont rendu compte que les mots ne correspondent pas toujours exactement d'une langue à l'autre, même si leurs définitions concordent, car la réalité qui les entoure, les contextes dans lesquels on les trouve ne sont pas découpés de la même façon.*

C'est pourquoi Robert Dubuc a suggéré, avec bonheur, l'expression terminologie comparée *pour désigner l'étude à laquelle s'astreignent les terminologues en vue d'offrir aux traducteurs des équivalents convenables pour les termes qu'ils doivent traduire dans un contexte donné. Cette étude des termes en situation de bilinguisme, ou de multilinguisme, se distingue assez nettement, même si elle y recourt souvent, de « l'étude systématique des termes servant à dénommer les classes d'objets et les concepts », en situation unilingue, où la démarche est très différente.*

Robert Dubuc aura eu le mérite d'être le premier à avoir étudié en profondeur cette démarche et ces cheminements de la recherche en terminologie « comparatiste » et à les avoir consignés dans un ouvrage clair, bien ordonné, propre à bien renseigner non seulement ceux qui se destinent à cette toute nouvelle profession de terminologue, mais aussi tous les traducteurs, quelle que soit leur expérience. Aux plus anciens, le Manuel *donnera l'assurance, tout en leur révélant qu'ils ont toujours fait de la terminologie eux-mêmes sans le savoir, que les terminologues peuvent leur apporter un précieux concours, dans leurs recherches de plus en plus difficile du terme juste, et leur laisser plus de temps pour soigner davantage le style de leurs travaux, ce qui leur évitera de nombreuses frustrations.*

Alain Rey, secrétaire général du Petit Robert et lexicographe réputé, suggérait, à juste titre, que les spécialistes qui s'attachent à ces travaux terminologiques s'appellent **terminographes** *au lieu de* **terminologues.**

Robert Dubuc, **terminographe** *depuis longtemps, a bien mérité de rester* **terminologue,** *même à son corps défendant, puisque son* Manuel pratique de terminologie *répond bien à la deuxième définition du Petit Robert ou, en d'autres termes, parce que Robert Dubuc ne se contente pas de faire des fiches, il sait également discourir fort adroitement sur les principes et les méthodes qui permettent de rédiger ces fiches. Grâce à lui, une nouvelle profession a désormais son code.*

Marcel Paré

AVANT-PROPOS DE LA TROISIÈME ÉDITION

Cette troisième édition se présente comme le couronnement de la carrière du *Manuel pratique de terminologie*. Que de chemin parcouru depuis la première édition de 1978! Comme discipline, la terminologie a précisé ses démarches, étoffé ses fondements théoriques et s'est adaptée à l'invasion informatique. L'édition de 1983 avait déjà commencé à tenir compte de ces évolutions. En 1992, il importait de faire le point sur l'avancement de la discipline. C'est à cette tâche qu'il a fallu s'atteler pour que le *Manuel* reste un outil pédagogique à jour et efficace.

Nous avons tenu à faire le grand ménage du *Manuel*. Un simple époussetage n'aurait pas été satisfaisant. À cette fin, nous avons entièrement repris le texte du début à la fin en procédant à une nouvelle mise en ordre des idées. Un nouveau chapitre a été consacré à l'étude du terme et de la notion, qui représentent les notions de base de la discipline, ainsi qu'aux rapports qui de plus en plus unissent terminologie et informatique. Nous sommes redevable à MM. Claude Bédard, traducticien, et Jean Quirion, terminologue au Secrétariat d'État à Ottawa, d'avoir bien voulu revoir ce dernier chapitre et nous faire des observations très judicieuses qui en ont singulièrement enrichi la substance. M. Jean Perron, de l'Office de langue française, nous a obligeamment communiqué de l'information touchant le progiciel Termino.

Les suggestions de travaux pratiques ont été actualisées et les références bibliographiques rajeunies. Parmi les remaniements importants, il faut signaler le chapitre consacré à la fiche terminologique, qui tient compte davantage de l'automatisation des fichiers, le chapitre de la synonymie, dont on a refait la nomenclature, à la suggestion de Mme Diane Picard, et le chapitre de la néologie, dans les procédés de formation indirecte : changements grammaticaux et emprunts. Le chapitre de la documentation a été profondément remanié. Grâce au concours de Mmes Nycole Bélanger et Andrée Bachand des Services linguistiques du CN, il a été possible de mieux tenir compte de l'impact informatique sur la gestion des documents à utiliser en terminologie. Il faut souligner aussi l'apport à ce chapitre de Mme Marie Brisebois-Mathieu, bibliothécaire à l'Université de Montréal, qui, avec beaucoup de bienveillance, nous a mis au courant de l'exploitation des bases de données en bibliothèque et nous a communiqué une précieuse documentation à ce sujet. La révision du manuscrit a été assurée avec beaucoup de soin et de compétence par Mme Jocelyne Dorion.

À tous ces collaborateurs, un merci bien senti.

Ni l'orientation ni la démarche du *Manuel* n'ont été modifiées. La méthode proposée reste axée sur la situation de communication. Plus de 20 ans d'enseignement et de pratique nous ont confirmé que nous étions dans la bonne voie. *Le Manuel pratique de terminologie* reste donc fondamentalement le même; rajeuni et plus rigoureux, il espère rester un outil clé pour la formation des terminologues.

Robert Dubuc

TABLE DES MATIÈRES

CHAPITRE PREMIER
Qu'est-ce que la terminologie?

1.1 INTRODUCTION

On ne peut dire que la notion de terminologie fasse l'objet d'un consensus unanime. Théoriciens et praticiens ne s'entendent pas toujours sur son caractère spécifique. Ces divergences s'expliquent du fait que la terminologie se rattache à des disciplines qui l'ont devancée, en particulier la sémantique, la lexicologie et la lexicographie. Pour certains, la terminologie ne représente qu'un éclairage particulier de ces disciplines plus anciennes. Pourtant l'essor vertigineux des techniques et les besoins accrus de communication entre les communautés de langues différentes ont suscité sur le plan lexical des besoins nouveaux auxquels il fallait répondre. C'est de ces besoins qu'est née la terminologie.

1.2 GENÈSE DE LA TERMINOLOGIE MODERNE

1.2.1 DÉVELOPPEMENT DES TECHNIQUES

C'est un truisme que d'affirmer que notre époque a été témoin du plus fantastique développement technique de l'histoire de l'humanité. La multiplication des techniques, le rythme accéléré des innovations et des découvertes ont engendré un vaste besoin de termes pour étiqueter ces réalités nouvelles.

1.2.2 CONTACT DES LANGUES

Ces besoins, qui peuvent être très grands à l'intérieur d'une même langue, deviennent facilement aigus dans des situations de langues en contact. Il s'agit alors d'établir, pour une technique donnée, l'équivalence ou la correspondance des notions d'une langue à l'autre. Comme chaque langue présente un découpage de la réalité qui lui est propre, la terminologie doit établir le réseau délicat des équivalences et des correspondances interlangues pour respecter l'intégrité des langues en présence. Cette démarche va à l'encontre des courants dits internationalisants qui voudraient créer, dans une sorte d'espéranto technico-scientifique, des termes transparents d'une langue à l'autre, sans tenir compte des particularités de chaque langue.

1.2.3 CONCEPTIONS DIVERGENTES DE LA TERMINOLOGIE

C'est dans une certaine anarchie qu'on a tenté de répondre à ces nouveaux besoins. Faute d'un consensus touchant les méthodes de travail et les critères de qualité, les produits mis au point sous l'étiquette *terminologie* sont loin de tous répondre aux exigences d'une communication efficace. Menacés d'une nouvelle expérience de Babel, certains praticiens ont voulu donner à la terminologie une orientation essentiellement normalisatrice. Il s'agissait, dans leur optique, de diriger l'usage : prescrire l'utilisation de certains termes jugés orthodoxes et proscrire les autres.

Pour bien des universitaires, nourris de linguistique et de lexicologie, la terminologie se ramène à une lexicographie technique. Pour eux, la terminologie a pour tâche de réunir les concepts importants propres à une discipline ou à une activité, de les définir rigoureusement et de les classer pour en permettre le repérage.

Enfin certaines écoles de terminologie ont cru que leur fonction se ramenait à dresser des nomenclatures, souvent les plus exhaustives possible, mais sans structure ni indications notionnelles. Il est évident que cette façon de procéder ne répond nullement aux besoins actuels de la communication technique et, qu'en outre, elle ne peut conduire, dans les situations de traduction, qu'à des approximations, à des imprécisions, voire à des erreurs flagrantes.

1.2.4 ÉVOLUTION SÉMANTIQUE DU TERME *TERMINOLOGIE*

Dans son sens premier, le mot *terminologie* s'est dit d'un ensemble de termes propres à une activité ou à une discipline : par exemple, la terminologie de la chimie, établie par Lavoisier et ses collaborateurs. Ce sens est encore très courant aujourd'hui.

Par une extension de sens, ce mot en est venu à désigner la démarche qui permet de grouper et de structurer un ensemble de termes propres à une technique ou à une discipline.

Entendue dans ce dernier sens, la terminologie implique une fonction de recherche et d'inventaire du vocabulaire en situation ainsi qu'un processus d'identification notionnelle qui permet non seulement de circonscrire les concepts de base, mais encore de mettre au jour tout l'arsenal des moyens d'expression caractéristiques du domaine étudié, y compris les termes appartenant au vocabulaire général d'orientation scientifique.

Ce qui distingue le mieux la terminologie de ses disciplines sœurs, c'est qu'elle est essentiellement ordonnée à des fonctions d'expression et de communication. Les questions auxquelles le terminologue doit répondre sont « Comment appelle-t-on l'objet qui...? Comment désigne-t-on l'opération qui consiste à...? » Donner la définition d'un terme relève proprement du lexicographe. En somme, la terminologie est un instrument d'encodage du message, tandis que la lexicographie en est un de décodage.

Vouée à la communication et à l'expression, la terminologie doit être axée sur les besoins de l'usager. Ce sont eux qui doivent déterminer dans une large mesure son champ d'action et ses méthodes de travail.

1.3 NOTION DE TERMINOLOGIE

À partir des jalons que nous avons posés, il est maintenant possible de tenter de définir la terminologie. Évidemment il serait intéressant d'établir entre l'aspect théorique et l'aspect pratique de la terminologie la même distinction qu'entre la lexicologie et la lexicographie, comme le recommande Alain Rey (1975). Toutefois, sauf chez certains spécialistes, l'usage n'a pas suivi cette recommandation. Nous donnerons donc de la terminologie une définition globale, qui, sans écarter la dimension théorique, met davantage l'accent sur son aspect pratique.

La terminologie apparaît donc comme une discipline qui permet de repérer systématiquement, d'analyser et, au besoin, de créer et de normaliser le vocabulaire pour une technique donnée, dans une situation concrète de fonctionnement, de façon à répondre aux besoins d'expression de l'usager.

1.3.1 LA TERMINOLOGIE EST UNE DISCIPLINE

La terminologie est une discipline dérivée de la linguistique, qui comprend un certain cadre théorique pour en guider la pratique et un ensemble de méthodes visant à assurer la validité du produit qu'elle met au point.

1.3.2 LES MÉTHODES DE TRAVAIL DE LA TERMINOLOGIE

On peut ramener à quatre les méthodes de base du travail terminologique : le repérage des unités terminologiques, ou établissement de la nomenclature, l'analyse, la création néologique et la normalisation. Il va sans dire que chacune de ces méthodes a ses ramifications, comme nous le verrons dans les chapitres subséquents.

1.3.2.1 Repérage des unités ou établissement de la nomenclature

En lisant un texte ou en étudiant une situation concrète d'expression dans une usine ou la description d'une machine, le terminologue doit savoir reconnaître les termes qui appartiennent en propre au secteur étudié. Cette opération suppose chez lui une double connaissance : connaissance approfondie de la langue commune et connaissance au moins sommaire de la technique qu'il aborde. Ses connaissances de la langue commune lui éviteront de prendre pour des termes techniques des mots qui n'en sont pas, tandis que son initiation au domaine étudié lui permettra de retenir les éléments lexicaux significatifs qui formeront l'armature de son travail, grâce au recours à l'arbre de domaine, dont nous traiterons plus loin.

Dans sa sélection d'éléments lexicaux significatifs, le terminologue ne doit pas s'en tenir aux seuls concepts de base : sa recherche doit englober tout l'arsenal des moyens d'expression, oraux ou écrits, du domaine étudié, y compris les verbes et les locutions verbales ou adjectives qui appartiennent en propre à ce domaine.

Le vocabulaire que la terminologie cherche à répertorier se situe donc à deux niveaux.

a) **au niveau conceptuel,** qui comprend les termes qui par leur forme ou leur sens étiquettent les réalités spécifiques du domaine étudié. Ainsi, pour le tissage, des termes comme *plain weave, two-harness frame, trame, chaîne, foule, peigne, batteur,* appartiennent à cette catégorie.

b) **au niveau fonctionnel,** qui comprend des tournures qui s'écartent de la langue générale, mais qui font partie du vocabulaire courant des spécialistes quand ils décrivent leur travail. Toujours dans le domaine du tissage, des termes comme *rentrer une lisse, monter un métier, constituer un tissu, to interlace yarns, to set up a loom, to produce cloth* appartiennent à ce niveau. Il s'agit en somme d'idiotismes techniques qui font partie intégrante de la langue propre à chaque domaine d'activité, appelée langue de spécialité.

1.3.2.2 Analyse contextuelle

L'opération de repérage serait inutile s'il fallait se limiter à dresser la nomenclature dégagée par la recherche. Il faut aller plus loin, c'est-à-dire greffer sur le terme relevé un certain contenu notionnel qui permettra de l'identifier dans les diverses situations de communication qui pourront se présenter. En ce sens, l'identification de la notion par l'analyse contextuelle apparaît comme l'élément fondamental de la recherche terminologique. Cette analyse consiste à délimiter le contexte en circonscrivant les éléments porteurs de sens qui s'y trouvent. Ce sont ces éléments qu'on appelle **traits significatifs** ou **descripteurs.** Selon le nombre et la qualité de ces descripteurs, le contexte sera définitoire, explicatif ou associatif.

1.3.2.3 Création néologique

Une analyse terminologique rigoureuse fera apparaître des carences de vocabulaire. Certaines notions nouvelles ne sont pas nommées. Il faudra alors que le terminologue s'emploie, en puisant dans les systèmes morphologiques de ses langues de travail, à combler ces lacunes. Attention toutefois! Le terminologue n'est pas avant tout un créateur de termes. La création d'un néologisme ne se justifie que si l'on a fait la preuve de la carence de l'appellation cherchée dans la langue de référence.

1.3.2.4 Normalisation

Pour certains, on ne peut dissocier l'activité de normalisation (intervention dans l'usage) de celle de la recherche terminologique. Il ne fait pas de doute que, par l'application rigoureuse de ses méthodes de travail, le terminologue peut apporter à l'opération de normalisation une contribution presque indispensable. Son apport permettra de réduire la marge d'arbitraire, si dangereuse quand il s'agit d'intervenir dans l'usage. Mais on peut très bien faire de la terminologie descriptive sans normaliser.

1.3.3 LE VOCABULAIRE TECHNIQUE

Étrangère à la langue courante, la terminologie concerne ce qu'on appelle le vocabulaire technique. Entendu en ce sens, le mot *technique* recouvre la quasi-totalité de l'agir humain, à la condition qu'il ait fait l'objet d'une certaine codification. Il englobe donc les arts, les sciences, les métiers et les diverses branches de l'industrie ainsi que certaines activités de loisir comme le sport. On regroupe génériquement les divers corps de vocabulaire spécifié par ces activités sous l'appellation de *langues de spécialité*.

1.3.4 LA SITUATION EN TERMINOLOGIE : CONTEXTES ET DÉFINITIONS

Parce qu'elle doit répondre à des besoins concrets d'expression, la terminologie doit se tenir constamment en résonance avec l'usage, sans toutefois s'en sentir esclave. La nécessité du contact avec l'usage oblige la terminologie à répertorier les mots en situation concrète d'emploi, dans un contexte écrit, oral ou pictural. Sur le terrain, en usine ou sur un chantier, l'identification de la notion se fait par une sorte de photographie mentale où terme et notion sont associés et classés. Dans les textes écrits, la situation est loin d'avoir toujours cette netteté. L'analyse du contenu notionnel du contexte doit alors viser à dégager les éléments significatifs de la notion sans que ces éléments débouchent nécessairement sur l'élaboration d'une définition en bonne et due forme. Il faut et il suffit qu'ils permettent la constitution d'une image mentale identifiable. Sous l'influence de la lexicographie, on a peut-être trop « déifié » la nécessité de la définition. Certes la définition structure la notion d'une façon généralement très satisfaisante pour l'esprit, mais elle cloisonne, fixe et limite. Il y a alors risque que, captif de cette structure, on laisse de côté les évolutions sémantiques constamment en fermentation dans l'usage.

Prenons l'exemple du terme *graphisme*.

Les dictionnaires généraux le définissent ainsi : « Caractère propre de l'écriture. Aspect des signes graphiques considérés sur le plan esthétique. »

Voyons maintenant ce terme en contexte dans le domaine de l'audiovisuel. « Les graphismes utilisés en télévision servent à diverses fins : titres, illustrations, identification des participants. » Et encore : « Le graphisme est devenu une véritable carrière tant en télévision qu'au cinéma et en publicité. »

Comme on le voit, l'usage du terme déborde les sens consignés dans les dictionnaires généraux. Dans le premier énoncé, on note que le mot *graphisme* a un sens concret et qu'il s'applique à divers produits de l'illustration en télévision. Dans le second, il acquiert un sens plus abstrait; il désigne le travail de celui qui fait des illustrations pour les médias audiovisuels.

Ces renseignements permettent de dégager des sens nouveaux du terme *graphisme* et de constituer pour chacun une image mentale assez précise pour trouver dans une autre langue la correspondance ou l'équivalence cherchée. À ce stade, l'élaboration d'une définition rigoureuse alourdirait inutilement la tâche du terminologue.

Ce dernier a donc l'obligation première de se tenir au diapason de l'usage, à l'affût des modes et des besoins nouveaux d'expression. Pour lui, les ouvrages lexicographiques ne feront pas figure de norme; ils seront, à l'instar des manuels, notices et autres documents, des témoins de l'usage, qu'il faut savoir consulter et interpréter. Toujours en mouvement, la terminologie doit d'abord rester à l'écoute de la langue vivante dans des situations concrètes d'expression.

Pour la terminologie comparée, bilingue ou multilingue, cette orientation est essentielle. L'identification schématique de la notion doit permettre l'association des appellations dans les diverses langues de référence. C'est ce fil notionnel, parfois appelé **crochet terminologique,** qui justifie l'appariement des termes.

1.3.5 Les besoins d'expression des usagers

C'est en étant attentif aux besoins d'expression des usagers que le terminologue doit orienter son travail. Multiples et variés, ils sont fonction des langues en présence, des activités concernées et des praticiens. En effet, les besoins des publicitaires sont différents de ceux des scientifiques. Le problème fondamental reste toutefois toujours le même : comment nommer, comment dire?

Il existe un lien étroit entre ces besoins et l'accès à l'information terminologique mise au point par le terminologue. Sous quelle forme ou sur quel support doit-on livrer à l'usager l'information dont il a besoin?

1.3.6 La cellule de base de l'information terminologique : la fiche

Une fois les travaux de recherche effectués, la fiche terminologique devient le support de l'information mise au point. Elle permet, sous une forme concise et synthétique, de tenir compte des éléments de validité (source, date, contexte), de mettre en évidence le crochet terminologique qui justifie l'appariement des termes dans les diverses langues de travail tout en précisant le ou les domaines d'application. La fiche, toutefois, n'a pas de valeur normative : elle est un constat d'usage.

1.3.7 Les supports

La fiche est plutôt un document de travail qu'un véhicule de l'information terminologique. Pour en permettre une utilisation généralisée, il faut soit la consigner dans un fichier, artisanal ou informatisé, soit en tirer des vocabulaires ou des lexiques.

1.3.7.1 Les fichiers

Les fichiers artisanaux classiques – bilingues ou multilingues – donnent accès aux fiches à partir des unités terminologiques relevées dans la langue de départ. Toute autre forme d'accès nécessite l'établissement d'un nouveau fichier, donc la répétition de la fiche de base pour répondre à chaque possibilité. Quant au fichier unilingue, il implique le recours à des classements raisonnés qui exigent la répétition de l'information pour chaque classement.

Les fichiers informatisés représentent un progrès marqué sur les fichiers artisanaux. En effet, grâce aux ressources de l'informatique, il est possible de déclarer autant de clés d'accès qu'on le désire à partir de la même unité d'information, sans qu'il soit besoin de la répéter.

Les banques de terminologie constituent la forme idéale du fichier terminologique tant par leur capacité énorme d'emmagasinement que par leur souplesse d'accès. C'est pourquoi elles devraient être des points de convergence pour toute l'activité terminologique.

1.3.7.2 Les vocabulaires

Lorsque le produit terminologique doit s'adresser à un vaste public ou à des usagers non au fait des méthodes de travail en terminologie, on préfère fournir l'information sous la forme d'un vocabulaire à présentation alphabétique.

Le vocabulaire terminologique se compose le plus souvent des éléments suivants : l'unité terminologique (en langue de départ s'il s'agit d'un travail bilingue ou multilingue), une définition sommaire extraite des contextes consignés sur fiches, le sous-domaine d'application pertinent, défini d'après l'arbre de domaine de la recherche. À ces renseignements s'ajouteront, le cas échéant, les équivalents dans les autres langues de travail. Dans ce cas, un index pour chaque langue permettra le repérage des termes en sens inverse. La bibliographie des sources consultées doit également y figurer. Les vocabulaires peuvent se présenter soit sur support imprimé, soit sur support informatique.

1.3.7.3 Les lexiques

Pour des raisons d'efficacité ou d'économie, on peut désirer présenter l'information sous la forme de lexiques, c'est-à-dire de listes bilingues de termes correspondants. Ce support exige que les usagers éventuels connaissent assez bien le domaine de la recherche pour pouvoir utiliser judicieusement l'information fournie, ce qui est souvent le cas pour la terminologie interne d'une entreprise. On réduira cependant les risques d'erreur en circonscrivant les correspondances au moyen de marques d'usage et en précisant les sous-domaines d'application.

On trouve parfois combinées les formules du lexique et du vocabulaire. Dans ce cas, seules les notions importantes font l'objet d'une définition. Le reste de la matière est présenté sous la forme du lexique.

1.3.7.4 Les supports pédagogiques

Pour enseigner la terminologie d'une spécialité à ceux qui l'ignorent, d'autres supports peuvent être exploités : l'exposé thématique et les schémas explicatifs.

L'exposé thématique aborde une terminologie selon les grands axes de l'activité concernée en les expliquant et en donnant les précisions terminologiques au fur et à mesure que les notions se présentent. Un bon exemple de cette démarche nous est fourni par Gilles Bélanger (1982), dans son ouvrage *Le Papier – Procédés et matériel* (Montréal, Linguatech).

Le schéma illustré est un procédé bien connu. Il consiste à représenter graphiquement un objet et à en identifier clairement les composants. De la sorte, l'association du terme et de sa notion se fait pour ainsi dire automatiquement. Il constitue généralement un complément à un autre support d'information terminologique.

1.4 CONCLUSION

Le tableau qui suit résume la notion de terminologie.

Tableau I
Notion de terminologie

NATURE	MÉTHODES	OBJET	FIN	MOYENS
	Repérage			Fiches
Discipline linguistique	Analyse	Langues de spécialité	Besoins d'expression des usagers	Vocabulaires
	Création néologique			Lexiques
	Normalisation			Banques

BIBLIOGRAPHIE

AUGER, P. et Louis-J. ROUSSEAU, *Méthodologie de la recherche terminologique*, Québec, Office de la langue française, coll. « Études, recherches et documentation », 1978, 80 p.

BOUTIN-QUESNEL, R. et collab., *Vocabulaire systématique de la terminologie*, Québec, Office de la langue française, coll. « Les Cahiers de l'Office », 1985, 38 p.

DUBUC, Robert, « La Banque de terminologie de l'Université de Montréal », dans *La Banque des mots*, Paris, Presses universitaires de France, n° 3, 1972, p. 35-50.

– « Définition et objectifs de la recherche terminologique », dans *Actes du Colloque canadien sur les fondements d'une méthodologie générale de la recherche et de la normalisation en terminologie et en documentation*, Ottawa, Secrétariat d'État, 1976, p. 11-45.

REY, Alain, « Terminologies et terminographies », dans *La Banque des mots*, Paris, Presses universitaires de France, n° 10, 1975, p. 145-154.

– *La Terminologie : noms et notions*, Paris, Presses universitaires de France, coll. « Que sais-je? », n° 1780, 1979, 127 p.

RONDEAU, Guy, *Introduction à la terminologie*, 2ᵉ édition, Chicoutimi (Québec), Gaëtan Morin éditeur, 1983, 238 p.

SAGER, Juan C., *A Practical Course in Terminology Processing*, Amsterdam, John Benjamins Publishing Company, 1990, 254 p.

SUGGESTIONS DE TRAVAUX PRATIQUES

1. Comparer la définition de la terminologie donnée dans le présent chapitre et la suivante, donnée dans le *Vocabulaire systématique de la terminologie*, de l'Office de la langue française du Québec : « Étude systémique de la dénomination des notions appartenant à des domaines spécialisés de l'expérience humaine et considérées dans leur fonctionnement social. »

2. Donner trois termes de niveau conceptuel et trois termes de niveau fonctionnel appartenant au même domaine.

3. Exposer en quoi la langue de spécialité se distingue de la langue générale.

4. Distinguer vocabulaire et lexique dans leur acception proprement terminologique.

CHAPITRE II
La situation en terminologie

2.1 INTRODUCTION

Louis Guilbert (1975) a su mettre en relief le caractère social de la terminologie. Il reconnaissait ainsi le rôle fondamental de la terminologie, qui est de répondre aux besoins d'expression des usagers. Pour lui, le « discours terminologique » se situait dans une optique fonctionnelle en contact avec la réalité des choses à nommer. La situation où les termes se trouvent conditionne la notion sur le plan de la communication, si bien qu'une même notion pourra trouver des étiquettes différentes selon son aire d'utilisation. Ainsi la qualité d'extrême résistance à l'usure sera désignée différemment selon qu'il s'agira d'un discours publicitaire ou technique, ou encore si elle est attribuée à un produit de consommation ou à un bien d'équipement. Pour la publicité, un adjectif comme *super-résistant* fera bien l'affaire. En technique, on cherchera un qualificatif plus descriptif comme *à grand rendement* ou *à haute résistance*. Pour caractériser les biens de consommation, on retrouvera souvent le syntagme *de fatigue*. La notion est toujours la même; l'appellation change selon les circonstances de la communication.

On voit donc que, pour la terminologie, la situation n'est pas une donnée incidente. C'est à elle qu'il faut se référer avant d'aborder l'étude des termes ou des notions d'une spécialité. Comme le dit encore Guilbert (1975) : « Le terminologisme [l'unité terminologique] acquiert sa fonction sémantique du fait de son association dans un domaine spécifique de la connaissance. » Claude Dubois (1977) précise de son côté : « On ne peut étudier les terminologismes en les détachant des conditions dans lesquelles ils sont produits et du type de discours où on les a relevés. »

2.2 IMPORTANCE DE LA SITUATION

Cette mise en valeur de la situation va à l'encontre d'un apriorisme qui vise à donner à une terminologie une existence *per se* comme si elle devait réunir une collection d'universaux applicables indifféremment à tous les types de discours. Une telle terminologie, qui, théoriquement, pourrait apparaître comme idéale, se condamne dans la pratique à une artificialité incompatible avec la vie du langage, même au sein des langues de spécialité.

2.3 DÉCOUPAGE DE LA RÉALITÉ

Au fond, la situation est le reflet des contraintes culturelles propres à toute terminologie, dont on ne peut faire abstraction parce qu'elles rendent compte des différences dans le découpage de la réalité appréhendée. Ces différences sont particulièrement sensibles en terminologie comparée. Prenons, à titre d'exemple, des notions simples du vocabulaire de la cuisine. Le plateau à compartiments qui sert à ranger les couverts se nomme en anglais **kitchen organizer** et en français **ramasse-couverts.** L'identification de la notion en situation permet d'établir, en dépit de la diversité des appellations, qu'il s'agit bien du même objet. On pourrait faire la même constatation avec les paires *silent butler* = *ramasse-miettes* et *tea wagon* = *desserte.* Ces simples exemples illustrent bien l'impossibilité de la transparence interlangue des termes.

2.4 TERMINOLOGIE COMPARÉE

Établir, même entre des langues de même famille, une terminologie transparente n'apparaît pas possible sans faire violence à chaque langue. À cet égard, les terminologies de traduction transposant des calques d'une langue à l'autre introduisent souvent dans le processus de communication un brouillage, un flou qui risque de conduire à la création d'un langage parallèle en marge de la langue vivante. C'est une des faiblesses des textes traduits sans recherche terminologique systématique : ils sont souvent inintelligibles pour leurs destinataires.

2.5 À L'ÉCOUTE DE LA LANGUE VIVANTE...

Bien sûr, on peut alléguer contre le babélisme des terminologies d'usage, où les synonymes abondent, où les sens se multiplient pour un même terme quand certaines notions sont dépourvues d'appellation, la nécessité de mettre de l'ordre pour assurer l'efficacité de la communication. L'attention à la situation n'interdit pas une intervention prudente dans l'usage. Mais les terminologies d'usage ont l'incontestable mérite de vivre.

2.6 ... ET DES USAGERS

Tenir compte de la situation, c'est aussi faire participer les usagers à l'élaboration des terminologies. Les terminologues ne sauraient considérer les terminologies comme leurs chasses gardées. Ils ne sont pas les maîtres des terminologies dans lesquelles ils travaillent. Ils n'ont aucun droit de propriété à leur égard; ils sont des outilleurs langagiers. À ce titre, ils doivent avoir le respect de l'artisan pour leurs matériaux et leur clientèle.

2.7 CONSÉQUENCES POUR LES MÉTHODES DE TRAVAIL

Cette optique, on le conçoit sans peine, a des répercussions profondes sur la façon d'envisager le travail terminologique. À l'origine de toute recherche terminologique, il doit y avoir un besoin. Ce besoin doit être précisé avec le concours d'usagers éventuels représentatifs : des témoins oraux de la situation. Une fois le besoin déterminé, il sera possible de fixer le cadre de la recherche, son public cible, le niveau de vocabulaire, l'arbre du domaine et l'ampleur de la nomenclature.

2.7.1 PUBLIC CIBLE ET NIVEAUX DE VOCABULAIRE

Dans la délimitation du cadre de la recherche, il faut se rappeler que le désir d'être exhaustif sans référence aux besoins des destinataires nuit souvent à la productivité du travail terminologique. La terminologie mise au point doit résulter de l'identification du public cible et du niveau de vocabulaire dont il a besoin. En effet, on ne saurait faire tenir aux ouvriers le même langage qu'aux ingénieurs, ni le contraire. Sans ces bouées essentielles, le travail risque de s'égarer dans des recherches coûteuses compte tenu de leur peu d'utilité.

2.7.2 COLLECTE DES DONNÉES

Tant pour l'établissement de la nomenclature que pour l'identification des notions, le terminologue aura soin de chercher des témoins oraux et écrits de la situation de communication. Les témoins oraux, usagers représentatifs de la terminologie, auront pour mission principale de guider le terminologue à travers le dédale des réalités à nommer en lui montrant au besoin les objets et en expliquant leur fonctionnement. À cette leçon de choses orale doit s'ajouter la consultation des sources écrites (manuels, notices, normes), véhicules stabilisés de la terminologie *in situ*, pour éviter le risque d'être captif d'une terminologie purement locale ou trop particularisée.

Les documents lexicographiques, dictionnaires ou encyclopédies, viendront jouer un rôle complémentaire pour éclairer certaines notions et évaluer certains termes. Mais ils seront toujours exploités en référence à la situation donnée.

2.7.3 UNE APPLICATION PARTICULIÈRE : LES FORMULES D'AFFICHAGE

La langue technique a souvent recours à des formules brèves et stéréotypées pour son affichage : étiquetage de l'équipement, signalisation, avertissements. La traduction de ces formules pose des problèmes particuliers, qui relèvent de la terminologie fonctionnelle. Comment rendre en français *on* et *off* sur les commandes d'une machine? *Do not X ray* sur un emballage? *No admission* à l'entrée d'un chantier? C'est l'étude comparée des situations qui seule peut apporter une réponse satisfaisante à ces questions. La traduction littérale, pratique courante en pays bilingue, aboutit le plus souvent en langue d'arrivée à des formulations lourdes et maladroites. Seule l'étude en situation peut nous révéler que *on* correspond à *marche* et *off* à *arrêt*, que *do not X ray* équivaut à *craint les radiations*, et qu'il faut rendre *no admission* par *entrée interdite*. Si l'on veut comparer le résultat de la traduction littérale à la recherche de l'expression idiomatique, prenons la mention autrefois inscrite sur les paquets de cigarettes pour avertir les fumeurs des dangers du tabac. La formule utilisée au Canada en anglais était la suivante : *Danger to health increases with amount smoked.* Cette formule a été traduite à peu près littéralement. Le même avertissement qui figure sur les paquets de cigarettes, en France, se lisait tout simplement : « Abus dangereux »! Identité de sens, formulation tout à fait différente.

2.7.4 ÉTABLISSEMENT DE LA NOMENCLATURE

La situation est enfin un guide sûr pour choisir dans un corpus donné les termes à retenir dans la nomenclature d'une recherche terminologique. En tant que baromètre des besoins des usagers, la situation nous indiquera si tel terme de chimie, par exemple, doit figurer dans le vocabulaire de l'apprêt de la pâte à papier à cause de l'usage qu'on en fait. La référence à la situation permet donc d'éviter un double écueil : celui des bruits de l'information parasite; celui des silences des renseignements lacunaires.

2.8 SITUATION ET NORMALISATION

L'importance accordée a la situation jette évidemment un nouvel éclairage sur la fonction de normalisation. Cette dernière a essentiellement pour but de discipliner l'usage. On pourrait facilement imaginer qu'il y a un conflit irréductible entre la démarche d'une terminologie établie en situation et celle d'une terminologie normalisée. Bien au contraire, ces deux démarches doivent se compléter.

2.8.1 REDRESSEMENT DES DÉFAUTS DE LA TERMINOLOGIE DE SITUATION

La normalisation pourra pallier l'« anarchie » des terminologies de situation, en permettant de réduire la polysémie des termes à l'intérieur d'un même champ sémantique, d'éliminer la synonymie pléthorique et de conserver aux emprunts interdisciplinaires un fond sémantique commun. En effet, les terminologies spontanées manquent souvent de rigueur. Ainsi dans le domaine du textile, le mot *picking* a trois sens différents selon qu'il s'applique à la récolte du coton, à l'apprêt de la nappe ou au tissage. Du côté de la synonymie, il y a souvent des excès.

Rappelons l'étude de Jean-Claude Corbeil (1974) où il relève 14 termes différents pour désigner le compartiment à œufs d'un réfrigérateur. Une telle abondance de biens ne peut que nuire. Enfin, on risque d'introduire du brouillage dans la communication si, dans les emprunts interdisciplinaires, on ne respecte pas au moins le noyau sémantique minimal du terme dans sa discipline d'origine.

2.8.2 RÉDUCTION DE L'ARBITRAIRE EN NORMALISATION

Si ces défauts appellent un certain redressement, il ne faut cependant pas oublier que la situation est le reflet de la vie. Elle donne du vocabulaire une vision beaucoup plus nuancée et plus respectueuse de tous les besoins d'expression. Elle sensibilise aux variétés des usages géographiques et professionnels; elle reflète les divers niveaux de langue. Autant d'éléments dont une saine normalisation ne saurait faire abstraction.

L'efficacité de la communication ne saurait être obtenue au détriment de la vie du langage. Si la normalisation aboutit, comme on lui en a souvent fait le reproche, à une terminologie aseptisée, sans lien avec la réalité, elle manque irrémédiablement sa cible. Nous verrons plus loin, au chapitre consacré à la normalisation, comment il est possible de concilier les exigences de la terminologie en situation avec celles de la normalisation.

BIBLIOGRAPHIE

BÉDARD, Claude, *Traduction technique, principes et pratique,* Montréal, Linguatech, 1986.

CORBEIL, Jean-Claude, « Problématique de la synonymie en vocabulaire spécialisé », dans *La Banque des mots,* Paris, Presses universitaires de France, n° 7, 1974, p. 53-70.

DUBOIS, Claude, « La spécificité de la définition en terminologie », dans *Actes du 6ᵉ colloque international de terminologie (1977),* Québec, Éditeur officiel, 1979.

GUILBERT, Louis, « Terminologie et linguistique », dans *Actes du colloque international de terminologie (1975),* Québec, Éditeur officiel, 1976.

SUGGESTIONS DE TRAVAUX PRATIQUES

1. Commenter les conséquences méthodologiques de la terminologie en situation.

2. La pratique de la terminologie de situation interdit-elle toute intervention dans la langue? Motivez votre réponse.

3. L'utilisation des dictionnaires et des encyclopédies est-elle incompatible avec une conception « situationnelle » de la terminologie? Justifiez votre réponse.

CHAPITRE III

Terminologie, sémantique et lexicographie

3.1 INTRODUCTION

Afin de mieux approfondir la notion de terminologie, il apparaît utile de la comparer avec ses disciplines sœurs, auxquelles elle emprunte beaucoup sans pour autant se confondre avec elles.

Parce qu'elle est relativement jeune, la terminologie éprouve quelques difficultés à se tailler une place bien à elle dans les disciplines dérivées de la linguistique particulièrement préoccupées par l'aspect lexical des phénomènes langagiers.

Si certains ont voulu voir dans la terminologie une forme de lexicographie technique, d'autres ont voulu la confondre avec une sémantique appliquée au discours technique. Il ne s'agit pas de nier les relations étroites que ces disciplines peuvent avoir avec la terminologie. Mais nier la spécificité de la terminologie, c'est la priver de la marge d'autonomie dont elle a besoin pour rendre les services qu'on attend d'elle. Nous allons donc comparer d'abord terminologie et sémantique, puis nous établirons un parallèle entre terminologie et lexicographie.

3.2 SÉMANTIQUE ET TERMINOLOGIE

3.2.1 NOTION GÉNÉRALE DE SÉMANTIQUE

Prise dans son sens le plus généralement accepté, la sémantique apparaît comme l'étude générale des relations entre les signes linguistiques et leurs référents. Ce qui intéresse la sémantique au premier chef, c'est de déterminer comment tel signe linguistique en est venu à être associé à tel référent, autrement dit comment on en est venu à appeler une chaise, une chaise. La sémantique comporte donc une dimension diachronique essentielle. On ne peut étudier les relations entre les signes et leurs référents sans se reporter à l'histoire. Pour expliquer pourquoi on appelle **canard** l'oiseau palmipède au bec jaune et large et aux ailes longues et pointues, il faut recourir à l'étymologie pour trouver que le mot, au XIIᵉ siècle, a été formé à partir d'un verbe d'origine onomatopéique, *caner*, qui signifie caqueter, et du suffixe -*ard*, de *malard* (canard mâle). Cette origine étant établie, la sémantique doit suivre pour ainsi dire à la trace le cheminement du mot *canard* pour s'apercevoir que les réalités auxquelles il s'est appliqué se sont constamment étendues : le mot a pris un sens abstrait pour désigner une fausse nouvelle, mais il s'est aussi appliqué à des objets matériels inanimés par analogie de forme ou de fonction. Au bout du compte, la sémantique va revêtir un aspect synchronique pour nous apprendre que le mot *canard* en français moderne est un terme passablement polysémique dont on pourrait relier les sens conformément au schéma suivant :

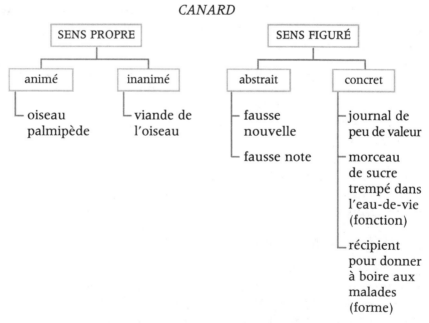

Figure 1 – *Profil sémantique de* canard.

Ainsi les relations entre signes et référents se regroupent sous divers types de rapports : propre / figuré, animé / inanimé, abstrait / concret, partie / tout, cause / effet, etc. C'est l'analyse de ces relations qui nous donne l'aire sémantique couverte par le signe *canard* en français d'aujourd'hui.

3.2.2 SIGNES ET RÉFÉRENTS EN TERMINOLOGIE

La démarche de la terminologie à l'égard du même signe sera différente. Essentiellement préoccupée par la situation de communication, la terminologie n'aura qu'incidemment recours à la diachronie. On pourrait même dire qu'elle est essentiellement synchronique. D'autre part, la relation du signe avec ses divers référents ne la concerne pas outre mesure pour autant qu'elle puisse associer à un signe donné des traits sémantiques de l'objet à nommer.

Par exemple, si je suis en terminologie zoologique, ce qui m'intéresse est de déterminer avec certitude que l'oiseau palmipède à bec jaune et plat et à ailes longues et pointues s'appelle **canard.** Que ce mot puisse avoir d'autres sens dans d'autres domaines ne me concerne pas. Par contre, si j'étudie l'équipement hospitalier, je note que le bol fermé à long bec dont on se sert pour faire boire les malades qui ne peuvent se redresser s'appelle **canard.**

Pour le sémanticien, le terme *canard* est rattaché à un référent de base qui est « oiseau palmipède », auquel des référents accessoires sont venus s'ajouter selon diverses relations. (Voir figure 1.)

Le terminologue qui veut étudier le terme *canard* dans toutes ses acceptions devra le classer dans la langue de spécialité pertinente :

Journalisme : a) fausse nouvelle; b) journal de peu de valeur.

Médecine : récipient pour faire boire les malades.

Cuisine : a) viande de l'oiseau; b) morceau de sucre trempé dans une liqueur.

Musique : fausse note.

Zoologie : oiseau palmipède.

Il n'aura pas à se préoccuper de la filiation de ces divers sens.

3.2.3 RAPPORTS ENTRE LES DEUX DISCIPLINES

Le sémanticien se laisse guider par le fil conducteur du sens pour aller dans les langues de spécialité; le terminologue, déjà en situation de langue de spécialité, cherche à identifier une série de traits sémantiques sous une étiquette donnée sans se soucier outre mesure de la filiation des sens.

Le terminologue emprunte au sémanticien ses techniques d'analyse pour repérer les traits sémantiques liés à un terme et pour en déterminer la portée. Par contre, il n'a pas pour mission de justifier ni d'expliquer la présence de tel terme pour désigner telle réalité : il en fait le constat. La relation nommant / nommé le retient dans son immédiateté, d'où l'attention qu'il porte à la synonymie et à la polysémie, qui sont des aspects importants de cette relation. Par exemple, en musique le « cassement » de voix appelé **canard** se dit aussi **couac.** En cuisine, l'ustensile à bec long qui sert à faire bouillir de l'eau se nomme en certaines régions du Québec **canard,** ce qui correspond à *bouilloire* en français général. Le terminologue reconnaît ici une synonymie régionale. De même, il notera qu'en journalisme le mot *canard* a deux sens, allant de la fausse nouvelle au journal de peu de valeur. Ces constatations sont inhérentes à la pratique de la terminologie.

Dans une optique d'extension et non plus de compréhension, le sémanticien inventorie aussi le langage par champ sémantique de façon à circonscrire ou à organiser des notions connexes. Dans cette opération, le sémanticien regroupe sous des traits communs les termes apparentés. Ainsi sous les traits : « meuble fait pour s'asseoir », il réunit le générique *siège* et ses spécifiques *chaise, fauteuil, causeuse, canapé, banc, tabouret, divan,* etc.

Pour le terminologue, ce regroupement a pour objet de différencier les notions apparentées et, de ce fait, souvent confondues dans l'usage. Il cherchera donc à cerner tous les traits susceptibles de distinguer chaque terme du champ sémantique étudié. Cette démarche lui servira notamment dans les études de fausse synonymie. (Voir le chapitre sur la synonymie.) En outre la comparaison des champs sémantiques dans des langues différentes permet de confronter les découpages différents du réel pour les concilier au besoin.

3.2.4 APPLICATION À LA NÉOLOGIE

Cette démarche de conciliation oblige parfois le terminologue à créer de nouveaux termes pour désigner des notions qui n'ont pas d'équivalent dans une des langues en présence. La sémantique viendra ici à son secours pour situer le mot créé par extension de sens dans le prolongement logique des évolutions déjà amorcées et pour éviter les polysémies à l'intérieur d'un même champ sémantique. Il faut se rappeler, toutefois, que l'extension sémantique n'est qu'une des avenues que la néologie peut emprunter.

3.2.5 SYNTHÈSE

Pour résumer ce premier parallèle, disons que sémantique et terminologie se distinguent par leur nature et leur objet. La sémantique est une discipline intralinguistique puisqu'elle se réfère à la langue envisagée comme système. La terminologie est une discipline extralinguistique puisqu'elle se réfère d'abord à la situation de communication. De ce fait, elle travaille toujours dans l'optique de la langue de spécialité, envisagée non plus comme système, mais comme moyen de communication.

Sur le plan de l'objet, les deux disciplines étudient les relations entre signes et référents, mais sous un angle différent. La sémantique étudie ces relations en structurant ou en expliquant le rapport signe / référent soit par l'analyse du phénomène polysémique, soit par le regroupement des signes connexes au sein d'un même champ de signification. La terminologie, de son côté, retient surtout la relation onomasiologique, c'est-à-dire qu'à partir du référent, elle cherche le signe linguistique désignatif. Elle les associe sans expliquer leur association. S'il s'agit d'une relation polysémique, elle cherchera à délimiter très nettement l'aire de chaque référent représenté par le même signe. Elle attachera une importance particulière aux signes multiples s'appliquant à un même référent, c'est-à-dire aux synonymes, selon la typologie que nous avons mise au point dans le chapitre consacré à cette question. Enfin, s'il faut créer un terme pour un référent qui en est dépourvu, la terminologie puisera, à même les matériaux que la langue met à sa disposition, le signe qui lui servira à cette fin.

En bref, on peut dire que la sémantique et la terminologie se différencient essentiellement dans leur façon d'envisager la relation du signe et de son référent. La sémantique explique cette relation; la terminologie l'applique.

3.3 TERMINOLOGIE ET LEXICOGRAPHIE

Établissons maintenant un second parallèle entre terminologie et lexicographie. Nous n'aborderons pas dans cette étude la lexicologie (théorie de la lexicographie) et nous considérerons la terminologie globalement, sans distinguer l'aspect purement théorique de l'aspect pratique.

3.3.1 NATURE DES DISCIPLINES EN PRÉSENCE

De par leur nature, terminologie et lexicographie sont assez étroitement apparentées; nous sommes en présence de deux pratiques dont la matière fondamentale est fournie par les mots. Alors que la lexicographie envisage les mots sous l'angle du lexique, c'est-à-dire en tant qu'ensemble dont une communauté dispose pour ses besoins de communication, la terminologie les considère sous l'angle du vocabulaire, c'est-à-dire en tant qu'ensemble délimité par une situation concrète d'utilisation.

Les termes *lexique* et *vocabulaire* sont ici entendus dans leur acception proprement linguistique. En terminologie, ces termes ont une acception différente. (Voir le chapitre premier.)

Ce lien de la terminologie avec la situation de communication tient bien sûr à sa fonction « nommante » et aux besoins des usagers. Il s'agira donc de délimiter le contenu notionnel du terme dans sa situation d'emploi, qui lui confère sa coloration spéciale. C'est ce qui permet à la terminologie de rester au diapason de la langue vivante et de pallier le décalage entre dictionnaires et usage. De ce fait son analyse sera beaucoup plus axée sur l'étude du terme *in vivo* alors que la lexicographie travaillera toujours à circonscrire l'aire notionnelle totale du mot pour l'étudier *in vitro*.

Au fond, pour le terminologue, c'est la situation extralinguistique des choses à nommer qui structure le vocabulaire considéré comme un ensemble de signes utilisés pour nommer, sur l'échiquier de la réalité, machines, objets, opérations, etc. Une terminologie sans rapport constant avec l'expérience, sans connexion avec la réalité, serait la négation même de la nature de cette discipline.

3.3.2 Finalité

Nous touchons ici à un point clé de notre comparaison : terminologie et lexicographie se distinguent essentiellement par leur finalité. Alors que la terminologie est onomasiologique, c'est-à-dire qu'elle va de la notion au signe, la lexicographie est sémasiologique, c'est-à-dire qu'elle va du signe à la notion. La terminologie, comme nous l'avons vu, est ordonnée à des fonctions d'expression et de communication. L'usager du produit terminologique n'est pas nécessairement à la recherche d'une définition, mais d'une appellation. Il a besoin de moyens verbaux pour encoder son message. L'usager du produit lexicographique n'a pas le même besoin. Il lui faut des outils pour comprendre, pour connaître le sens inconnu d'un mot connu. La lexicographie remplit donc une fonction de décodage.

Cette différence de finalité justifiera les différences méthodologiques entre les deux disciplines.

3.3.3 Méthodes de travail

3.3.3.1 Établissement de la nomenclature

Pour le terminologue, à cette étape, il s'agit de repérer dans un corpus donné les termes propres au domaine étudié et se situant dans le cadre défini pour la recherche. Pour établir, par exemple, la terminologie du textile, il faut identifier les termes qui appartiennent en propre à ce domaine ou à un aspect circonscrit de cette industrie, compte tenu des situations de communication précisées par le cadre de recherche.

Le lexicographe de son côté recherche les termes de valeur sémantique lourde. Le mot est intéressant en fonction de son ou de ses sens, dans toutes les situations de communication.

En pratique cette différence d'approche se traduira par la présence, dans la nomenclature terminologique, non seulement de termes de niveau conceptuel, recouvrant les notions de base du domaine, mais aussi de termes de niveau fonctionnel faisant figure d'idiotismes techniques. Les formes syntagmatiques y seront privilégiées, même si leur degré de lexicalisation peut être relativement faible.

3.3.3.2 Découpage des unités

Cette démarche nous amène à distinguer l'unité terminologique de l'unité lexicale. L'unité terminologique étant liée à la nécessité d'exprimer les réalités propres à un domaine dans une situation concrète de fonctionnement, elle affectera, plus souvent que l'unité lexicale, la forme syntagmatique et son degré de lexicalisation pourra être plus faible.

Toutefois, si le degré de lexicalisation de l'unité terminologique peut être plus faible que celui de l'unité lexicale, il lui faut quand même un seuil minimal de lexicalisation pour se distinguer de l'unité de discours. En ce sens, les périphrases définitionnelles, comme « remorque transformable en habitation », « polyimide renforcé de fibres de verre », ne sauraient être tenues pour de véritables unités terminologiques.

3.3.3.3 Techniques d'analyse

L'analyse du lexicographe vise à circonscrire l'aire notionnelle d'un mot. Pour y arriver, il faut déceler tous les sens du mot étudié de façon à établir son profil sémantique complet. Le lexicographe se livre donc à un dépouillement très extensif pour identifier ces sens et pour les agencer ensuite dans un ordre logique. Tout le processus d'analyse doit déboucher sur l'élaboration d'une définition qui doit être sémantiquement équivalente à l'unité étudiée dans les divers contextes de son utilisation, illustrés, au besoin, par des exemples.

Pour le terminologue, l'analyse vise à permettre d'étoffer sémantiquement les termes relevés au stade du repérage ou de l'établissement de la nomenclature. La situation où le terme a été relevé fournira les éléments notionnels permettant d'associer au terme un contenu sémantique suffisamment précis soit pour lui trouver un correspondant dans une autre langue, soit pour fournir l'appellation propre de l'objet à nommer. Le processus d'analyse terminologique vise donc essentiellement à identifier un contenu notionnel. Il ne s'agit pas tellement de définir, mais bien de dégager des traits sémantiques importants tels que nature, fin, fonction, matière, etc. Pour le terminologue, le contexte est le véhicule des traits sémantiques qui permettent d'associer terme et notion dans une situation de communication.

3.3.4 DÉFINITION

Ces différences de démarche expliquent aussi les différences entre la définition terminologique et la définition lexicographique. Cette dernière doit fournir un profil sémantique complet du mot, couvrant toutes ses acceptions. Pour le terminologue, la définition est un condensé des traits sémantiques d'un terme dans une situation d'emploi. C'est pourquoi le terminologue, lorsqu'il utilise une définition lexicographique, doit toujours le faire en se référant à son propre contexte d'utilisation.

3.3.5 NOYAU D'INFORMATION À COMMUNIQUER

La lexicographie fait de l'article du dictionnaire son noyau fondamental d'information. La rédaction de cet article est régie par des règles bien définies à portée essentiellement pédagogique; l'article vise à enseigner au lecteur le ou les sens du mot dont il ignore la signification exacte. La définition en constitue la partie essentielle. Sur cette information de base se greffent des annotations grammaticales (catégorie, genre, nombre), des indications de prononciation, des notes étymologiques et parfois certaines remarques encyclopédiques. Les sens traités doivent aussi faire l'objet d'une certaine hiérarchisation selon des critères tantôt historiques, tantôt logiques. Des exemples illustreront, le plus souvent, ces différents sens. L'article est identifié par son entrée. Pour les substantifs, il prendra souvent la forme d'un mot pivot sous lequel viendront prendre place les formations syntagmatiques dérivées. Ainsi, sous le mot *fer*, se trouveront les syntagmes *fer à friser, fer à repasser, fer à souder*, etc.

En résumé, on peut dire que l'article du dictionnaire est synthétique (il est construit autour d'un mot pivot), pédagogique (il précise les sens et les conditions d'utilisation dans le discours) et exhaustif (il donne tous les sens).

Pour le terminologue, la fiche terminologique est l'unité de base de l'information. Cette fiche est essentiellement un constat de l'usage en situation. Elle vise à fournir à l'usager l'appellation d'un objet à nommer, grâce à l'utilisation d'un contexte dont les traits sémantiques justifient l'appariement terme-notion. Chaque fiche ne fait état que d'un seul sens. L'unité terminologique y est présentée dans son ordre syntagmatique normal. Les marques grammaticales, les marques d'usage n'y figurent que si elles ont une incidence terminologique particulière, par exemple genres flottants, usages terminologiques parallèles selon les régions ou les professions, etc. La situation de communication y est toujours représentée par le domaine d'emploi.

En résumé, disons que la fiche terminologique est mono-sémique (elle ne fait état que d'un seul sens), situationnelle (elle ne vaut que pour le contexte cité) et représente un instrument d'encodage (elle permet d'associer une notion et un terme).

3.3.6 VÉHICULES DU PRODUIT

Le véhicule de la lexicographie, c'est le dictionnaire, un recueil de mots, généralement classés par ordre alphabétique. Sous chaque mot, apparaît l'article qui lui est consacré. Le diction-naire est un instrument de fixation de l'usage. Il donne une vision figée du lexique à un moment donné de son évolution. Évidem-ment si l'on compare le même article de deux éditions consécu-tives du même dictionnaire, il y a des changements : des sens désuets disparaissent; de nouveaux font leur apparition. Mais la lecture de l'article donne toujours l'impression d'un point d'aboutissement que rien ne viendra plus troubler.

Le véhicule du produit terminologique, c'est le fichier, regroupement selon divers paramètres des fiches terminologiques. Ces fichiers peuvent être artisanaux ou informatisés. Le fichier est une entité en perpétuel devenir. Il s'enrichit au fur et à mesure des recherches. Des purges périodiques permettent d'éliminer les fiches qui ont perdu leur pertinence. Le fichier peut de la sorte se main-tenir au diapason de l'usage.

Du fichier terminologique, on peut tirer des vocabulaires et des lexiques pour diverses utilisations particulières. Ces recueils s'apparentent, quant à la forme, aux travaux lexicographiques, mais, pour ce qui est du fond, ils conservent une orientation nettement terminologique.

3.3.7 SYNTHÈSE

Résumons maintenant cette comparaison sous la forme d'un tableau.

Tableau II
Comparaison entre la terminologie et la lexicographie

POINT DE COMPARAISON	TERMINOLOGIE	LEXICOGRAPHIE
Nature	Pratique lexicale	Pratique lexicale
Matière	Vocabulaire	Lexique
Finalité	Encodage	Décodage
Nomenclature	Spécifique	Globale
Découpage	Syntagmatique dominant	Simple dominant
Analyse	Traits révélés par le contexte	Totalité des traits sémantiques
Définition	Image notionnelle	Profil sémantique complet
Noyau d'information	Fiche	Article
Véhicule d'information	Fichier	Dictionnaire

BIBLIOGRAPHIE

DUBOIS, Claude et Jean, *Introduction à la lexicographie : le dictionnaire*, Paris, Larousse, coll. « Langue et Langage », 1971, 217 p.

DUBOIS, Jean et collab., *Dictionnaire de linguistique*, Paris, Larousse, 1973, 516 p.

DUCROT, Oswald et Tzvetan TODOROV, *Dictionnaire encyclopédique des sciences du langage*, Paris, Seuil, 1972, 470 p.

MARCELLESI, J.-B., « Le lexique », dans *La Linguistique*, Paris, Larousse, coll. « Encyclopoche », 1977, p. 187-198.

MATORÉ, Georges, *Histoire des dictionnaires français*, Paris, Larousse, 1968, 278 p.

REY, Alain, *La Lexicologie*, Paris, Klincksieck, coll.« Initiation à la linguistique », 1967, 190 p.

WAGNER, R. L., *Les Vocabulaires français*, Paris, Didier, coll. « Orientations », 1967, 190 p.

SUGGESTIONS DE TRAVAUX PRATIQUES

1. Traiter un même terme sous l'angle sémantique, lexicographique et terminologique.

2. Comparer le rôle de l'analyse en sémantique, en lexicographie et en terminologie.

3. Distinguer *lexique* et *vocabulaire* dans leur emploi en linguistique et en terminologie.

CHAPITRE IV

Terme et notion

4.1 INTRODUCTION

Pour atteindre son but – répondre aux besoins de communication des usagers –, la terminologie doit clarifier la relation qui unit un terme à sa notion. Il s'agit fondamentalement d'un rapport de signifiant à signifié, mis en évidence par la fiche terminologique.

4.2 QU'EST-CE QU'UN TERME?

Le terme, encore appelé unité terminologique ou terminologisme, est l'élément constitutif de toute nomenclature terminologique liée à une langue de spécialité. On peut donc le définir comme l'appellation d'un objet propre à un domaine donné.

4.2.1 UNE APPELLATION

Quand on parle d'appellation, on évoque un rapport spécifique de dénomination qui permet d'identifier et de distinguer. Cette appellation peut être formée d'un mot unique, c'est-à-dire d'un assemblage de lettres précédé et suivi d'un espace. *Affichette*, *scénarimage, survaleur* sont des termes-mots, même s'ils peuvent renfermer plusieurs éléments significatifs, ou sèmes. En effet, le mot *affichette* comprend au moins deux sèmes, représentés par l'élément *affiche* et le diminutif *-ette; scénarimage* combine les idées de scénario et d'image; *survaleur* ajoute l'intensificatif *sur-* à l'idée de valeur. Toutefois, la combinaison de ces sèmes ne constitue pas des mots composés.

Pour avoir des mots composés, il faut un assemblage de mots liés par des traits d'union. Des formations comme *affichage-transport, tourne-disque, panneau-réclame* sont des mots composés. Il faut ici noter la désaffection du français contemporain à l'égard de l'emploi du trait d'union. L'usage actuel préfère utiliser les formations complexes de mots sans marquer d'un signe la cohésion entre les éléments composants.

Ces formations, non physiquement délimitées, s'appellent syntagmes. On désigne par ce vocable un assemblage de mots liés par un rapport syntaxique identifiable : nom + adjectif (*affichage intérieur*), adjectif + nom (*double page*), nom + complément déterminatif (*publicité sur le lieu de vente*), nom + apposition (*rédacteur concepteur*), verbe + complément d'objet (*référencer un produit*). On a déjà noté la fréquence dominante des formes syntagmatiques en terminologie de même que l'intensité variable de leur degré de lexicalisation. Pour qu'un syntagme soit considéré comme terme, il n'est pas nécessaire que ses éléments soient absolument indissociables. Dans un terme comme *référencer un produit* (« assurer l'approvisionnement dans un point de distribution »), le verbe pourrait très bien être modifié par un adverbe comme sélectivement sans que soit rompue la cohésion minimale du syntagme qui reste *référencer un produit*.

Enfin syntagme et mot composé peuvent s'associer pour former un terme. *Affichage-transport gares, affichage-transport quais* sont des formations de ce genre. Les rapports syntaxiques entre les différents composants dans ces formations seront étudiés au chapitre de la néologie.

4.2.2 L'OBJET

Le terme, a-t-on dit, est l'appellation d'un objet. Qu'entend-on par objet? Il faut considérer ici ce mot dans son sens le plus large, qui englobe non seulement ce qui est perçu par les sens (objets concrets), mais aussi tout ce qui s'offre à la considération de l'esprit (objets abstraits). Il recouvre donc :

a) **des biens matériels** : affiche, panneau-réclame;

b) **des actions ou des démarches** : publicité sur le lieu de vente, publipostage;

c) **des états ou des situations** : surstockage, survaleur;

d) **des phénomènes** : durée de vie d'un produit;

e) **des propriétés** : achalandage (d'un emplacement);

f) **des procédés ou des techniques** : affichage, interview.

4.2.3 SPÉCIFICITÉ PAR RAPPORT AU DOMAINE D'UTILISATION

Pour la terminologie, un terme n'existe pas hors de son domaine d'application. Nous revenons ici à la notion de situation. Le terme doit donc toujours être identifié en contexte. Les mots de la langue générale ne constituent pas des termes. Pour qu'un mot devienne terme, il lui faut pour ainsi dire revêtir la défroque de la spécialité qui l'utilise. Du fait de son utilisation dans une langue de spécialité, le terme connaît une particularisation de sens, une charge sémantique propre. Ainsi, dans le terme *mobilier urbain*, le mot *mobilier* possède un sens différent de celui qu'il possède en langue générale. Selon ses besoins, la langue de spécialité élargit, rétrécit ou modifie le sens des mots de la langue générale. Elle en crée aussi pour ses besoins propres, par exemple *publipostage*.

Un domaine peut se ramifier en plusieurs sous-domaines. C'est l'arbre de domaine, dont nous traiterons au chapitre de l'analyse terminologique, qui permet de situer un terme dans son aire spécifique d'utilisation. Ainsi un terme comme *publipostage* se rattache au domaine général de la publicité, à l'intérieur duquel il prend place parmi les techniques publicitaires.

Un même terme peut-il appartenir à plusieurs domaines? Bien sûr, on peut trouver formellement un même terme dans plusieurs domaines. Par exemple, le terme *diagnostic* se trouve en médecine, mais il s'emploie aussi en évaluation de l'entreprise pour désigner le jugement que l'évaluateur porte sur la santé de l'entreprise évaluée. Cependant pour le terminologue, il s'agit là de termes distincts sans rapport direct entre eux. Strictement, donc, un terme n'appartient qu'à un seul domaine d'emploi.

4.3 LA NOTION EN TERMINOLOGIE

La notion, c'est la réunion des traits caractéristiques de l'objet désigné par le terme. Elle implique donc une référence à la réalité.

4.3.1 UNE ACCUMULATION

La notion, c'est une accumulation de traits significatifs, sans hiérarchisation. C'est par là qu'elle se distingue de la définition, qui structure et hiérarchise.

4.3.2 DÉGAGER UNE IMAGE MENTALE

Ces traits significatifs vont permettre de dégager une image mentale de l'objet. Chacun devient un « descripteur » de l'objet. Chaque descripteur fournit une clé d'identification de la notion.

4.4 RAPPORT DU TERME À LA NOTION

Contrairement à ce qu'on croit généralement, il n'existe aucun lien nécessaire entre un terme et sa notion. Cette relation est fondamentalement conventionnelle et participe de l'arbitraire du signe linguistique. Toutefois, il peut être utile de réduire cette marge d'arbitraire en motivant la relation du terme à sa notion.

4.4.1 MOTIVATION DU TERME

Un terme est dit motivé lorsque les sèmes qu'il contient évoquent la notion qu'il recouvre. Par exemple, *publipostage*, qui comprend trois sèmes : *publi* (« publicité »), *post* (« poste ») et *age* (« action » ou « résultat »), est un terme motivé parce qu'à travers sa forme, il est possible d'entrevoir sa notion, qui est en l'occurrence un mode de publicité qui rejoint son public par l'intermédiaire des services postaux.

La motivation est utile, mais non nécessaire. Un grand nombre de termes – sans motivation ou dont la motivation a disparu – fonctionnent très bien comme éléments du discours. Le rapport du terme à sa notion est assuré par une convention stable et bien établie.

Dans les langues de spécialité, la motivation apparaît souvent comme un élément important de classement et une condition d'accréditation d'un néologisme. De plus en plus, les usagers analysent la motivation d'un terme nouveau avant de lui délivrer son visa.

Comme élément de classement, la motivation pourrait être particulièrement précieuse si l'on pouvait respecter la valeur sémantique des sèmes, en particulier lorsqu'il s'agit d'éléments empruntés au grec et au latin. La désinvolture dont font preuve les créateurs de mots à cet égard confine à l'incohérence. Prenons le cas de l'élément -*pathe*, qui entre dans la composition de nombreux termes médicaux. Il vient du grec *patein*, qui veut dire « souffrir ». On emploie tantôt cet élément pour désigner celui qui est atteint d'une maladie, par exemple *psychopathe*, tantôt pour désigner celui qui soigne : *naturopathe, homéopathe*, etc.

Pierre Agron (1977) a bien mis en évidence l'opportunité de normaliser le sens des affixes pour éviter les sources d'erreur et de confusion, comme la malheureuse substitution de sidéen à sidatique où l'on fait de -*éen*, suffixe géographique, un suffixe de maladie.

La normalisation des affixes pourrait notamment permettre de distinguer l'agent humain de l'agent mécanique en réservant le suffixe -*eur* pour le premier et son doublet -*ateur* pour le second. Il serait ainsi possible de distinguer programmeur et programmateur.

En pratique, nous sommes encore loin de cette utilisation disciplinée des affixes.

4.4.2 RELATION UNIVOQUE OU PLURIVALENTE

Idéalement, une seule notion doit se rapporter à un terme. C'est ce qu'on appelle la biunivocité. Malheureusement, la vie du langage s'accommode mal de cette rigidité. La polysémie, présence de plusieurs sens pour un même signe, est une caractéristique naturelle des mots en langue générale. Il n'est donc pas étonnant qu'elle cherche à se frayer également un chemin dans les langues de spécialité.

Toutefois, ces dernières exigent une forme de communication plus rigoureuse que la langue générale. La polysémie peut présenter des inconvénients sérieux lorsqu'il y a risque de collision des sens au sein d'un même domaine ou, pis encore, au sein d'un même sous-domaine, d'où la « vocation à l'univocité » du terme dont parle Guilbert.

Le travail terminologique cherchera donc, dans la mesure du possible, à éliminer les cas de collision sémantique. Si la polysémie ne peut être éliminée, il faudra bien circonscrire l'aire sémantique de chaque sens du terme de façon à prévenir la confusion.

4.4.3 LA SYNONYMIE

Idéalement encore, un seul terme devrait suffire à désigner une notion. Mais sous l'influence de la langue générale – dont les langues de spécialité sont des sous-systèmes –, plusieurs termes surgissent souvent pour désigner une même notion. Ainsi dans la langue de la publicité, trois termes – *story-board, scénarimage et scénario-maquette* – désignent le document qui présente sous une forme illustrée l'essence d'un message publicitaire audiovisuel.

Parce que cette concurrence synonymique peut nuire à l'efficacité de la communication, le travail terminologique s'efforcera d'éliminer toute pléthore synonymique. Dans les autres cas, il s'agira de préciser au mieux la portée réelle de chaque synonyme. Le chapitre sur la synonymie expose en détail le traitement terminologique des synonymes.

4.5 CLASSEMENT DES NOTIONS

Le vocabulaire, entendu au sens linguistique, c'est-à-dire un sous-ensemble du lexique, spécifié par un domaine d'emploi, est constitué d'un ensemble de notions en rapport les unes avec les autres. Ces notions n'acquièrent pleinement leur existence terminologique que par leurs rapports réciproques. Il importe donc d'identifier ces rapports pour bien circonscrire la pertinence d'une notion dans un corps de vocabulaire de référence, mais aussi pour bien marquer la place de cette notion au sein de ce vocabulaire.

4.5.1 RAPPORTS INTRINSÈQUES

Le rapport du terme à sa notion peut s'établir d'après le contenu sémantique de chaque notion. Le rapport le plus fréquent et le plus important s'établit dans une relation de générique à spécifique, c'est-à-dire que la notion A englobe la notion B sans lui être identique. Ainsi la notion de publicité englobe celles de publicité médias, de publicité extérieure, d'affichage, etc. La notion de publicité extérieure englobe à son tour celles d'affichage routier, d'affichage urbain, d'affichage-transport.

D'autres rapports logiques peuvent relier les notions entre elles. Par exemple les rapports abstrait / concret, cause / effet, partie / tout, but / moyen et les rapports d'opposition. Ces rapports servent plutôt à expliquer qu'à classer les notions.

4.5.2 Rapports extrinsèques

Dans la pratique, il est plus simple de structurer un vocabulaire en regroupant les notions selon les fonctions du domaine étudié. Ainsi si l'on veut classer les notions de la publicité sur le lieu de vente, on pourra le faire sous chacune des fonctions de ce domaine : étalage, affichage, animation. Ce classement est particulièrement utile pour l'élaboration de l'arbre de domaine, dont nous parlerons plus loin.

4.6 Conclusion

Terme et notion forment un couple indissociable. La relation qui les unit doit être nette et sans ambiguïté, d'où la nécessité de comparer les différents « couples » qui constituent le vocabulaire d'un domaine. Nous touchons ici à la base même du travail terminologique.

BIBLIOGRAPHIE

AGRON, P., « Le grain des mots », dans *Terminologies 76*, Actes du colloque international de l'Association française de terminologie, Paris, juin 1976, p. III-1-20.

DAHLBERG, I., « Les objets, les notions, les définitions et les termes », dans *Textes choisis de terminologie*, G. RONDEAU et H. FELBER (dir.), Québec, Groupe interdisciplinaire de recherche scientifique et appliquée en terminologie, Université Laval, 1981, p. 221-300.

SUGGESTIONS DE TRAVAUX PRATIQUES

1. Établir un parallèle entre terme et mot.

2. Qu'est-ce qui a préséance en terminologie, le terme ou la notion? Justifier.

3. Commenter l'affirmation suivante : « La relation du terme à la notion doit être biunivoque. »

CHAPITRE V

La recherche ponctuelle

5.1 INTRODUCTION

La recherche terminologique qui traite de problèmes isolés porte le nom de recherche ponctuelle. Cette activité compte pour une part importante du travail terminologique dans les entreprises et les fonctions publiques. Elle vise à répondre aux difficultés d'une vaste gamme d'usagers qui s'étend du grand public aux spécialistes.

5.2 LES AVANTAGES DE LA RECHERCHE PONCTUELLE

Certains terminologues se plaisent à dénigrer le travail ponctuel, considérant que ce travail « à la pièce » n'apporte pas vraiment de solutions d'ensemble aux besoins terminologiques et qu'une solution isolée, sans référence à un ensemble terminologique, risque parfois de ne pas s'y intégrer adéquatement.

On ne saurait contester la part de vérité que contient cette affirmation. La recherche ponctuelle est souvent un palliatif. Mais c'est un palliatif rendu nécessaire par les conditions de travail en traduction et en rédaction. L'idéal serait de pouvoir effectuer des recherches thématiques dans toutes les spécialités. Pour cela il faut du temps et de l'argent : deux conditions qui ne se réalisent pas toujours. D'ailleurs comme tout évolue, jamais les recherches thématiques ne pourront répondre à tous les besoins de terminologie. Il restera toujours quelque part une notion à nommer, un problème particulier à résoudre pour un usager en difficulté.

Pour le terminologue, la recherche ponctuelle est une bonne école de formation. Elle le met en contact direct avec l'usager, ce qui permet de prendre conscience de ses besoins réels et des difficultés particulières qui se posent dans les situations concrètes d'expression. Ce bain de réalisme ne peut qu'être salutaire pour les autres formes de travail terminologique. Il constitue un antidote efficace contre la tentation du travail en serre chaude, loin des contraintes de la réalité.

En raison des conditions dans lesquelles il doit s'exercer, le travail ponctuel est particulièrement formateur. Parce qu'il faut donner une réponse rapidement (le délai de 48 heures apparaît comme un maximum difficile à dépasser), le terminologue se voit forcé de trouver des raccourcis dans son cheminement documentaire et d'avoir une connaissance très éclectique des ressources documentaires à sa disposition. Il lui faut développer un sixième sens qui lui fait aller d'instinct vers le document qui contient la solution du problème à résoudre.

À pratiquer la recherche ponctuelle, le terminologue développe donc son acuité intellectuelle, approfondit sa connaissance de la documentation et se sensibilise aux besoins des usagers.

5.3 DÉMARCHE

5.3.1 DIALOGUE AVEC LE CLIENT

La première étape du travail ponctuel consiste à engager le dialogue avec le client afin de lui faire préciser la notion dont il cherche l'appellation, le domaine d'application et les démarches qu'il a pu faire pour trouver la solution de son problème. Pour obtenir ces renseignements, le terminologue doit savoir adroitement interroger son interlocuteur sans l'offusquer ni l'indisposer. Ce dialogue devrait fournir certains traits notionnels, des précisions sur la situation d'utilisation de la notion et parfois l'appellation de la notion dans une autre langue.

5.3.2 CONTRÔLE NOTIONNEL

Il s'agit, à cette deuxième étape, de vérifier si les indications recueillies au cours de la première sont justes. Si l'on connaît l'appellation de la notion dans une autre langue, ce contrôle peut se faire au moyen des dictionnaires généraux ou spécialisés dans cette langue. Cette opération permettra aussi de compléter les renseignements obtenus, qui sont parfois assez sommaires.

5.3.3 CONSULTATION DU SPÉCIALISTE

L'intervention du spécialiste à ce stade peut répondre à plusieurs besoins. Si le terminologue ne dispose pas d'une appellation dans une autre langue, le spécialiste pourra confirmer l'existence de la notion et suggérer des pistes de recherche pour trouver le terme adéquat. Il peut aussi trancher les contradictions qui peuvent surgir entre les données fournies par le client et celles qui ont été relevées dans les ouvrages de contrôle. Le terminologue évitera ainsi de s'engager sur une fausse piste.

5.3.4 RECHERCHE DES PISTES DE SOLUTION

Une fois que la notion est précisée, le terminologue va chercher des pistes de solution. S'il s'agit d'une recherche unilingue, il scrutera les dictionnaires généraux et spécialisés à partir des traits notionnels qu'il aura relevés, des termes connexes, de l'appellation du domaine ou des indications du spécialiste, jusqu'à ce qu'il trouve le terme correspondant à la notion, dans les dictionnaires généraux, les encyclopédies et les ouvrages spécialisés.

Par exemple, le client demande : « Comment appelle-t-on l'appareil qui sert à tracer les lignes blanches qui délimitent les couloirs de circulation sur les routes? » Ces indications permettent de dégager les descripteurs suivants. Domaine : voirie; nature : machine, engin de chantier; fin : tracé des couloirs de circulation. De là, le terminologue tire les mots clés – *voirie, route, engins de chantier, circulation routière* – qui permettront de consulter dictionnaires et encyclopédies ainsi que les index des ouvrages spécialisés et les titres de normes, pour arriver à la solution *applicateur*.

S'il s'agit d'une recherche bilingue, c'est-à-dire si l'on dispose d'une appellation dans une autre langue, les dictionnaires, vocabulaires et lexiques bilingues, les banques de terminologie et le fichier d'entreprise pourront fournir des pistes de solution. Si les ouvrages bilingues restent muets, il faut procéder, comme pour la recherche unilingue, à l'aide des traits notionnels, des termes connexes et de l'appellation du domaine ou des indications fournies par le spécialiste à l'étape précédente.

5.3.5 CONTRÔLE DES SOLUTIONS

Il ne faut pas se contenter de transmettre au client le produit de l'étape précédente. On ne peut en effet être assuré que la solution fournie par des sources terminologiques ou lexicographiques bilingues, notamment les lexiques, convienne parfaitement à la notion précisée à la première étape. Il faut donc procéder à un nouveau contrôle dans des ouvrages unilingues pour s'assurer de la conformité de l'appellation avec la notion à désigner. On peut faire appel au spécialiste si les ouvrages consultés ne permettent pas d'établir un rapport rigoureux entre le terme trouvé et la notion qu'il faut nommer. Une fois ce contrôle fait et le rapport terme-notion dûment attesté, la solution peut être transmise au client.

5.3.6 PRÉSENTATION DE LA SOLUTION

En communiquant sa solution, le terminologue doit la justifier sommairement en donnant la source qui la fonde ou en alléguant l'autorité du spécialiste consulté.

Si les recherches n'ont pas permis d'attester une solution, le terminologue peut proposer à son client une solution par analogie avec des situations similaires. Ainsi un fabricant de cuisinière cherche un équivalent français pour *master cooker* : « dispositif de réglage et de commande des divers éléments de cuisson d'une cuisinière ». À défaut d'avoir pu trouver un équivalent attesté, il est possible de faire un rapprochement avec d'autres techniques où le terme *master* qualifie des dispositifs généraux de régulation ou de commande. Dans ce cas, cette idée est souvent rendue en français par le mot pilote : *horloge pilote, commande pilote*, etc. Il serait donc possible de proposer sur le même modèle *cuiseur pilote*. Le cas échéant, il est nécessaire de rappeler au client qu'il s'agit d'une simple proposition et non d'une solution attestée. Nous touchons ici au problème de la création néologique dont nous traiterons en détail au chapitre des néologismes.

5.4 Corollaire : pourquoi aller du général au spécialisé?

En recherche ponctuelle, on recommande d'aller d'abord consulter des ouvrages de langue générale avant d'aborder des ouvrages de spécialité. Cette démarche se justifie par les contraintes de temps et de disponibilité de la documentation spécialisée. Les dictionnaires généraux et les encyclopédies générales sont conçus pour le grand public et sont de ce fait faciles à consulter. L'information se trouve sous la rubrique consultée et donne souvent une vue d'ensemble de la notion, qui peut fournir des jalons de recherche supplémentaires. Il faut se rappeler cependant que, sur le plan strictement technique, ces ouvrages généraux n'offrent pas la même précision ni la même rigueur que les ouvrages techniques spécialisés. Le terminologue devra en tenir compte en procédant à ses contrôles notionnels.

On aura compris qu'il n'est pas nécessaire de consulter les ouvrages généraux si l'on sait qu'on a de bonnes chances de trouver la solution dans tel ouvrage spécialisé qu'on connaît très bien. En effet, dans son cheminement documentaire, le terminologue ponctualiste peut, avec l'expérience, court-circuiter certaines étapes pour arriver presque d'instinct à la solution cherchée sans compromettre la validité de sa recherche. Le débutant doit faire preuve de plus de prudence et s'en tenir au cheminement prescrit.

BIBLIOGRAPHIE

BRUNETTE, Louise et Tina CÉLESTIN, *Compte rendu des rencontres sur la recherche ponctuelle en terminologie*, Québec, Office de la langue française, coll. « Études, Recherches et Documentation », 1979, 50 p.

CÉLESTIN, Tina et collab., *Méthodologie de la recherche ponctuelle, Essai de définition*, Québec, Office de la langue française, coll. « Études, Recherches et Documentation », 1984, 172 p.

SUGGESTIONS DE TRAVAUX PRATIQUES

En suivant la démarche décrite dans le présent chapitre, résoudre cinq des problèmes de terminologie ponctuelle suivants :

1. Comment désigner la personne qui tire une partie substantielle de son revenu des pourboires laissés par la clientèle?
Domaines : appellations d'emploi, fiscalité.

2. Comment désigner en français le *compact disk*, disque à gravure numérique avec utilisation du laser pour la gravure et la lecture, ce qui permet de concentrer beaucoup d'informations sur une très petite surface? Équivalents déjà rencontrés : *disque laser, disque audionumérique, compact disque, disque compact* et l'emprunt *compact disk*.
Domaine : audiovisuel.

3. Trouver un équivalent français pour *door hanger* : affichette rectangulaire, terminée par un cercle ouvert, qu'on peut fixer aux poignées des portes.
Domaine : publicité.

4. Que penser du terme *billet promissoire* pour rendre *promissory note* : promesse faite par écrit à une personne par laquelle on s'engage à payer sur demande ou dans un délai fixé une somme d'argent convenue.
Domaine : droit.

5. Trouver un équivalent français pour *talk-show* : émission comportant des éléments de variétés (chansons, exécutions musicales, numéros de music-hall, etc.) entrecoupés d'interviews de personnes mêlées à l'actualité, où un animateur vedette fait fonction de présentateur.
Domaine : radiotélévision.

6. Trouver un équivalent français pour *tie-in ad* : annonce payée par un annonceur principal auquel s'associent des annonceurs secondaires.
Domaine : publicité.

7. Trouver un équivalent anglais pour *diagnostic* : jugement que porte l'évaluateur d'entreprise sur l'état de santé d'une entreprise en faisant état de ses points forts et de ses points faibles.
Domaine : évaluation d'entreprise.

8. Trouver un équivalent français pour *goodwill* : excédent de la valeur d'une entreprise sur la somme des valeurs attribuées aux éléments identifiables de son actif net.
Domaine : évaluation d'entreprise.

9. Trouver un équivalent français pour *mountain bike* : bicyclette caractérisée par des éléments surdimensionnés, un changement de vitesses à faibles rapports et des pneus plus larges que la normale.
Domaine : sport, loisirs.

10. Trouver un équivalent anglais pour *émission cadre* : émission regroupant des éléments appartenant à des genres divers, mais qui peuvent changer d'une semaine à l'autre; par exemple, *Les Beaux Dimanches*.
Domaine : radiotélévision.

CHAPITRE VI
La recherche thématique

6.1 INTRODUCTION

Comme son nom l'indique, la recherche thématique inventorie le vocabulaire relié à un domaine ou un sous-domaine. Par son caractère global, par la continuité de sa démarche, par l'effort poussé de recherche qu'il requiert, le travail thématique est très formateur et exige du terminologue beaucoup de méthode et de discipline.

6.2 DÉMARCHE

6.2.1 DÉFINITION DES OBJECTIFS DE LA RECHERCHE

Avant d'entreprendre une recherche thématique, il faut se poser quelques questions pour définir les objectifs de la recherche. À qui ce travail est-il destiné? Quelle ampleur doit-il avoir? De quelles ressources dispose-t-on pour le mener à terme? Sous quelle forme le travail final doit-il être remis? Répondre à la première question, c'est définir le public cible. Cette définition suppose qu'on va en évaluer les besoins. On pourra de la sorte déterminer s'il faut établir un vocabulaire de base ou un vocabulaire de pointe, s'attarder à un sous-domaine en particulier et tenir compte des niveaux de langue (les ingénieurs n'utilisent pas nécessairement la même terminologie que les ouvriers), s'il faut faire un travail unilingue, bilingue ou multilingue.

De cet inventaire des besoins du public cible dépendra en partie la taille du vocabulaire à mettre au point. Un vocabulaire de base comprend généralement de 500 à 600 notions. Un vocabulaire de pointe peut n'en comprendre qu'une centaine. Si l'on veut couvrir l'ensemble d'un domaine ou d'un sous-domaine important, il faut songer à traiter 1 500 notions et plus. Il faut aussi déterminer la ou les langues de travail.

Mais quels que soient les besoins, on ne peut les satisfaire sans ressources. Il y a d'abord les ressources humaines : combien de personnes pourront-elles travailler à cette recherche? Quelle est leur compétence? Peut-on avoir accès à un personnel de soutien? Y a-t-il un ou plusieurs spécialistes du domaine étudié qui pourront participer aux diverses étapes du travail? Il y a ensuite les ressources documentaires. De quelle documentation peut-on disposer? Existe-t-il des documents originaux dans chaque langue de travail? A-t-on accès aux bases de données documentaires informatisées? Existe-t-il des documents terminologiques (vocabulaires ou lexiques) dans le domaine ou les domaines connexes? Les banques de terminologie contiennent-elles de la matière dans le domaine à étudier? Enfin, il y a les ressources financières. Dispose-t-on de crédits suffisants pour mener la recherche à bon terme?

Le meilleur moyen de répondre à cette question est d'établir un devis où l'on précise les coûts probables de la recherche. Il faut prévoir notamment les coûts d'acquisition de la documentation, le nombre d'heures-personnes exigées pour les diverses étapes de la recherche – terminologues, spécialistes et personnel de soutien – et les frais de traitement et de mise en forme selon le support choisi pour le travail final (fichier, vocabulaire, lexique).

6.2.2 INITIATION AU DOMAINE

Une fois les objectifs bien précisés, le terminologue doit s'initier au domaine de sa recherche, à moins qu'il ne le connaisse déjà. Pour ce faire, les ouvrages de vulgarisation de type synthétique (collection « Que sais-je? » par exemple) sont d'une grande utilité; de même, les articles des encyclopédies thématiques et les manuels d'initiation au domaine, s'il en est, sont également à recommander. On consultera avec profit un spécialiste du domaine pour connaître les meilleurs ouvrages qui pourraient servir à cette fin. Si la recherche est partiellement automatisée, notamment si le dépouillement de la documentation est fait automatiquement, la période d'initiation doit être prolongée parce que le terminologue ne bénéficie plus de l'approfondissement de la matière que permet le dépouillement manuel. Cette étape est capitale : on ne peut faire de recherche terminologique dans un domaine sans avoir au moins des connaissances élémentaires dans ce domaine. Il faut pouvoir bien saisir les notions et déterminer leur appartenance au domaine en question. Au cours de ses lectures d'initiation, le terminologue attachera une importance particulière aux sources citées; elles pourront lui fournir des jalons importants pour l'étape suivante.

6.2.3 CHOIX DE LA DOCUMENTATION

La valeur d'une recherche terminologique est directement fonction de la qualité de la documentation qui la fonde. La qualité est nettement plus importante que la quantité. Pour une recherche unilingue, trois ou quatre titres bien choisis plus un dictionnaire du domaine, s'il en est, devraient suffire à garantir la validité de la recherche. Pour un travail bilingue, trois ou quatre titres bien choisis en langue de départ et environ le double en langue d'arrivée devraient constituer une bibliographie valable. Cet écart s'explique en raison du découpage souvent très différent de la matière d'une langue à l'autre. On complétera ces titres par des ouvrages de contrôle : dictionnaires unilingues dans chaque langue de travail, dictionnaires, vocabulaires ou lexiques bilingues spécialisés.

Comment choisir les ouvrages à dépouiller? Il faut d'abord privilégier les documents originaux. Le recours aux textes traduits ne peut se justifier que dans les cas extrêmes où la documentation originale fait complètement défaut. Les manuels, les ouvrages pédagogiques (notices explicatives et d'entretien) ont aussi leur importance, de même que les normes publiées par les organismes nationaux de normalisation (AFNOR, ASTM, etc.). On attachera aussi une certaine importance à la qualité de la rédaction – il existe un rapport certain entre la forme et le fond –, à l'autorité de l'auteur et à la représentativité de l'ouvrage par rapport aux pratiques du domaine. On se gardera de trop « régionaliser » sa documentation. Une bonne bibliographie doit comprendre des ouvrages représentatifs des principales aires d'utilisation de la langue, compte tenu du poids démographique ou qualitatif de chacune. Les conseils des spécialistes du domaine et des documentalistes peuvent donner des repères utiles.

Ces critères de sélection seront appliqués aux titres que le terminologue aura recueillis au cours de ses lectures d'initiation, aux relevés bibliographiques établis à partir des vedettes (domaines et sous-domaines) dans les fichiers des bibliothèques et des bases de données bibliographiques. Face à l'ouvrage lui-même, le terminologue doit en évaluer l'utilité en analysant la table des matières, en vérifiant la présence d'un index et en faisant un échantillonnage au hasard de quelques pages pour constater la valeur des contextes et la pertinence des unités terminologiques en regard du cadre de la recherche.

6.2.4 Constitution de l'arbre de domaine

La fréquentation sommaire des ouvrages retenus complétera l'initiation au domaine entreprise à la première étape de la recherche. Le terminologue est maintenant en mesure de mettre en place l'arbre de domaine qui structurera sa recherche, en répartissant le domaine principal en quelques sous-domaines et en choisissant au besoin un ou deux domaines connexes dont il faut tenir compte en raison des liens étroits qui les unissent au thème de la recherche.

L'arbre de domaine, ainsi conçu, ne représente pas une classification scientifique des notions, mais bien une manière fonctionnelle de les regrouper selon leur apparentement. Il permet notamment de juger de la pertinence des unités termi-nologiques et de réduire les bruits (informations parasites) et les silences (carences de renseignements utiles).

Il doit permettre aussi de situer la recherche dans un cadre plus général en déterminant au moins deux niveaux de classe-ment supérieurs qui englobent le thème de la recherche dans un rapport hiérarchique qui va du général au particulier.

L'arbre de domaine doit donc comprendre deux parties : l'aval, qui situe la recherche dans l'ensemble du lexique spécialisé, et l'amont, qui structure la recherche et permet de classer les notions soit selon leurs rapports intrinsèques, soit selon leurs rapports extrinsèques. (Voir le chapitre IV.) C'est l'amont de l'arbre dont on se sert pour indiquer les domaine et sous-domaines sur la fiche terminologique.

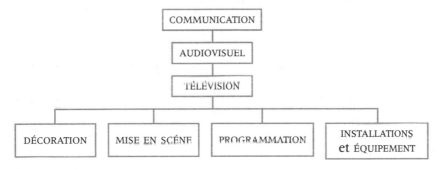

Figure 2 – *Exemple d'un arbre de domaine pour une recherche thématique sur la télévision.*

Au fur et à mesure que la recherche progresse, on peut être amené à remanier la structure de l'arbre, soit en ajoutant des cases pour tenir compte d'un nouveau groupe de notions, soit en retranchant des cases qui se révèlent stériles.

6.2.5 Repérage des unités terminologiques ou établissement de la nomenclature

Cette opération vise, en dépouillant les textes du corpus de la recherche, à identifier les termes qui feront l'objet de la recherche thématique. Chaque unité identifiée doit trouver sa place dans l'arbre de domaine, sans quoi elle doit être considérée comme étrangère au champ de la recherche, donc à rejeter. Aux premières étapes du dépouillement, il n'est pas toujours possible d'identifier avec certitude l'appartenance d'un terme au domaine de la recherche. Il est prudent de ne pas éliminer trop vite les unités douteuses. À ce stade, il vaut mieux être trop accueillant que trop sélectif. Il sera toujours temps en cours de recherche d'éliminer les éléments non pertinents.

Chaque terme retenu doit être noté et référencé (source et page) pour faciliter l'analyse terminologique, qui constitue l'étape suivante de la recherche.

Suggestions de travaux pratiques

À partir du texte qui suit, dresser un arbre de domaine (amont et aval) pour une recherche thématique sur les imprimés publicitaires. Souligner les unités terminologiques qui apparaissent pertinentes au thème de la recherche et les classer dans l'arbre élaboré.

IMPRIMÉS PUBLICITAIRES

Lettres de publicité

La publicité par lettre, à la différence de toute autre publicité écrite, offre la possibilité d'un contact direct avec le client éventuel. Ce mode de publicité, s'il est utilisé avec soin, est d'un excellent rendement. La qualité du contact est toutefois susceptible de grandes variations.

Les lettres de publicité peuvent être adressées soit à des fabricants, soit à des commerçants (grossistes ou détaillants), soit à des consommateurs. Quel que soit le destinataire, elles doivent se soumettre à un certain nombre d'impératifs quant à la rédaction, à la présentation et à la relance.

Rédaction

La lettre de publicité doit revêtir la forme d'une véritable lettre; elle doit être aussi personnelle que possible et être adaptée à la catégorie de personnes à laquelle elle s'adresse; on doit l'adresser nommément au destinataire en prenant soin d'orthographier correctement son nom; elle doit entrer dans le vif du sujet, comporter un minimum de flatterie adressée au destinataire et mettre sobrement en évidence l'intérêt de la proposition qu'on lui fait.

Présentation

La lettre de publicité doit être accordée à son objet et présenter, autant que possible, le caractère d'un original avec signature manuscrite ou simili-manuscrite.

Le support devra faire l'objet d'un soin attentif. Dans tous les cas où le prestige est en jeu, une économie réalisée sur la qualité de l'enveloppe serait un très mauvais calcul.

RELANCE

Pour obtenir un résultat, en particulier lorsque la lettre de publicité est une véritable lettre de vente, il est nécessaire de « relancer ». Il faut donc établir dès le départ un système de relance, que les Américains appellent *follow-up*. C'est en effet après plusieurs contacts que la majorité des personnes touchées s'intéressent à l'offre qui leur est faite.

DÉPLIANTS, BROCHURES, PROSPECTUS, CATALOGUES

Les dépliants sont des moyens de publicité directe, intermédiaires entre la lettre et le catalogue. Ils peuvent être envoyés par la poste (publipostage) ou être remis en mains propres à leur destinataire, ou enfin être distribués anonymement (publicité non adressée). Les dépliants doivent être rédigés en style direct, concis et faire bien ressortir les avantages qu'ils proposent au consommateur. Ils se présentent souvent sous la forme d'un triptyque.

La brochure répond un peu au même besoin que le dépliant. Mais son prix de revient plus élevé la rend d'un emploi moins courant. Comme son nom l'indique, il s'agit d'un document d'une certaine importance (au moins cinq ou six pages qui sont agrafées ou reliées par d'autres procédés).

On appelle prospectus une annonce illustrée d'au moins quatre pages, présentant les produits d'un magasin ou d'un distributeur. Au Québec, sous l'influence de l'anglais *circular*, on désigne souvent ces documents sous le nom de « circulaire ». Pour être efficaces, les prospectus doivent présenter une bonne qualité d'impression et de reproduction des clichés.

Le catalogue est une présentation des produits d'un distributeur ou d'un fabricant. Il peut être d'aspect modeste, sans illustrations, tout comme il peut se présenter sur papier glacé de très grand luxe. Dans le catalogue, l'article est roi et conditionne la mise en page, le style des illustrations, le texte et le nombre de pages. Quant aux illustrations, elles gagneront généralement à être photographiques.

(Texte fictif, codé DUBIM 92)

CHAPITRE VII
L'analyse terminologique

7.1 INTRODUCTION

L'analyse terminologique constitue le cœur même de la recherche thématique. Elle comprend deux volets : découpage des unités terminologiques et analyse des contextes.

7.2 DÉCOUPAGE DES UNITÉS TERMINOLOGIQUES

L'unité terminologique, ou terme, est l'appellation d'une notion propre au domaine étudié soit parce qu'elle appartient exclusivement à ce domaine, c'est-à-dire qu'elle ne se retrouve dans aucun autre, soit qu'elle fait l'objet d'une utilisation particulière à ce domaine. Comme nous l'avons déjà vu (chapitre premier, section 1.3.2.1), ces unités ne désignent pas seulement les notions de base du domaine (unités conceptuelles), mais aussi les modes d'expression qui lui sont propres et qui s'écartent des façons usuelles de s'exprimer en langue générale (unités fonctionnelles).

Dans nos langues de travail, principalement l'anglais et le français, le rôle des déterminants dans l'unité terminologique est capital. C'est la relation déterminant-déterminé qui constitue la clé du découpage de l'unité terminologique. L'unité termi-nologique, plus que l'unité lexicale, est liée à la situation concrète de communication. Elle revêt souvent, de ce fait, une forme moins lexicalisée que cette dernière. De là aussi la fréquence des formes syntagmatiques. Dans toute nomenclature terminologique, ces formes sont dominantes; toutefois elles peuvent se retrouver en contexte en formes abrégées, par exemple *weaving shed*, en tissage, se dit couramment *shed* et, en comptabilité, le terme *élément d'actif* est souvent ramené à *actif*. Ces variantes doivent être notées. La forme la plus étoffée doit fournir l'unité de base et les formes abrégées doivent être traitées comme des synonymes sur la fiche terminologique.

7.2.1 Relation déterminant-déterminé

L'élément fondamental du découpage de l'unité terminologique réside donc dans l'analyse de la relation qui lie le déterminant à son déterminé. En effet, seul le déterminant qui apporte au déterminé une précision essentielle peut faire partie de l'unité terminologique. Il faut donc distinguer les déterminants essentiels des déterminants accidentels.

7.2.1.1 Déterminants accidentels

Les déterminants accidentels sont ceux qui ne modifient pas le sens du déterminé; tout au plus y apportent-ils des modifications d'aspect ou de circonstance. Ainsi, les **encodeurs** ou **encodeuses,** en informatique, n'effectuent pas un travail essentiellement différent selon le support utilisé : cassettes, disquettes ou bandes. Seul le facteur support se trouve modifié. On n'englobera pas dans l'unité terminologique les compléments *cassettes, disquettes* ou *bandes*. De même dans les expressions « tisser une étoffe » ou « tisser une tapisserie », les compléments ne font que changer l'objet du tissage et non sa nature. Ils n'entreront donc pas dans l'unité terminologique.

7.2.1.2 Déterminants essentiels

C'est le contraire qui se produit avec les déterminants essentiels. Le déterminant modifie la nature du déterminé ou implique avec lui une relation si étroite qu'en la supprimant, on change le sens du déterminé. Prenons comme exemple l'expression *calculateur universel*, en anglais *general purpose computer*, le déterminant n'a pas qu'une portée qualitative, mais il désigne un type précis de calculateur, qui se distingue des autres : analogique, spécialisé, etc. C'est évidemment l'analyse de la notion qui nous renseigne sur la portée effective du déterminant. Le même déterminant peut tantôt avoir une fonction essentielle, tantôt n'être qu'un simple caractérisant circonstanciel. Comparons *charitable institution* (détermination essentielle) et *charitable man* (détermination accidentelle).

Les mêmes considérations valent pour le verbe et son complément. Quand le complément d'objet modifie le contenu sémantique du verbe, c'est qu'il lui est lié par une relation essentielle. Il fait alors partie de l'unité terminologique. Ainsi dans les expressions *to thread a heddle* et *to thread a loom*, le verbe *to thread* ne désigne pas une même opération. Nous aurons donc deux unités distinctes qui se rendront en français, dans le premier cas, par *rentrer une lisse* et, dans le second, par *monter un métier*.

7.2.2 CRITÈRES DE DÉCOUPAGE

L'évaluation de la cohésion entre le déterminant et le déterminé, qui va permettre de juger de l'essentialité du rapport qui les unit, peut se faire en fonction de plusieurs critères plus ou moins cumulatifs.

7.2.2.1 Lexicalisation

Le premier critère est le degré de lexicalisation, c'est-à-dire la cohésion entre les parties du syntagme qui fait que ces parties sont indissociables par suite d'une longue utilisation. Tel est le cas, par exemple, de *pomme de terre*. L'absence d'article ou d'adjectif possessif ou démonstratif peut être l'indice d'une lexicalisation avancée. Comparons *job summary* et *summary of the job* ou *chef de projet* et *chef du projet*. La présence de l'article particularise, donc enlève au terme sa valeur lexicale.

Il faut souligner qu'en terminologie, le terme peut avoir une lexicalisation plus faible que l'unité lexicale en lexicographie. C'est pourquoi la présence d'un article devant le déterminant n'est pas nécessairement un facteur d'exclusion. L'expression *durée du travail* (qui désigne « la durée de la semaine de travail ») constitue bel et bien une unité terminologique dans le domaine de la gestion du personnel, en dépit de la présence de l'article devant *travail.* Tout ce qu'on peut dire, c'est qu'une lexicalisation forte est toujours l'indice de la présence d'une unité terminologique, mais il peut y avoir unité terminologique sans lexicalisation forte.

7.2.2.2 Établissement d'un classement ou d'une opposition

Un second critère à prendre en considération dans l'analyse des rapports déterminant-déterminé, c'est la caractérisation de classement ou d'opposition qu'apporte le déterminant. Si la caractérisation permet d'établir des relations d'opposition entre les notions en présence, par exemple, dans le domaine du travail, *hourly paid job* s'oppose à *salary-paid job*, on peut conclure à la présence d'unités terminologiques. De même si le déterminant permet de classer les notions en présence en les catégorisant, on peut estimer qu'il fait partie de l'unité terminologique. Par exemple, dans la famille des informaticiens d'applications, les appellations *chef de projet, chef de groupe d'exploitation* et *chef d'exploitation* servent au classement hiérarchique des cadres et constituent autant d'unités terminologiques.

7.2.2.3 Cooccurrence

Il y a cooccurrence lorsqu'une même combinaison de mots se retrouve avec une certaine fréquence à l'intérieur d'un domaine. Ce phénomène peut être l'indice de la présence d'une unité terminologique. Ainsi, dans le domaine de la gestion des salaires, la paire *wage and salary* se retrouve couramment. Même si *wage* et *salary*, pris séparément, constituent des unités terminologiques, leur combinaison, à cause de la cooccurrence, donne lieu à une troisième unité. Dans le domaine du textile, la cooccurrence fréquente du verbe *constituer* et du mot *tissu* donne un indice de la présence d'une unité terminologique.

7.2.2.4 Artifices typographiques

Souvent la mise en relief par des procédés typographiques – italique, gras, petites majuscules, soulignement, guillemets, etc. – peut être l'indice de la présence d'une unité terminologique. Il arrive que l'auteur d'un texte ait recours à ces artifices pour mettre en évidence une notion de base du domaine. Il faudra donc être attentif à ces signes sans toutefois leur conférer une valeur absolue. C'est un indice, rien d'autre.

7.3 L'ANALYSE CONTEXTUELLE

L'analyse contextuelle a pour but de préciser la notion que recouvre l'unité terminologique par l'identification des traits sémantiques véhiculés par le contexte. Elle sert aussi à délimiter le contexte qui doit figurer sur la fiche terminologique. Par ricochet, elle permettra de confirmer l'appartenance du terme au domaine de la recherche et de reconnaître les synonymes.

7.3.1 IDENTIFICATION DES TRAITS NOTIONNELS

Derrière chaque terme de la nomenclature, il doit y avoir un contenu notionnel suffisant pour justifier l'appariement du terme avec sa notion. Pour définir ce contenu, le terminologue doit repérer dans le contexte les éléments révélateurs de la notion, appelés descripteurs. Les descripteurs les plus significatifs sont ceux qui nous renseignent sur la nature, la fin, la matière, la cause d'un objet. Mais les descripteurs de dimensions, de forme, de temps, de manière, etc., peuvent aussi apporter des renseignements utiles.

7.3.2 DÉCOUPAGE DES CONTEXTES

Quand il s'agit de délimiter le contexte qui doit apparaître sur la fiche terminologique, il faut tenir compte des éléments descripteurs qu'il offre. Comme l'espace réservé à la consignation du contexte n'est pas illimité, il est sage de s'en tenir aux descripteurs les plus importants, quitte à tronquer le texte pour éliminer les éléments non significatifs.

7.3.3 TYPES DE CONTEXTES

On peut classer les contextes en trois catégories, selon leur contenu sémantique. Il y a d'abord les contextes définitoires, qui contiennent des descripteurs dont le nombre et la qualité permettent de dégager une image précise de la notion. Il ne s'agit pas d'une définition : le contexte peut ne pas avoir d'incluant ni offrir une progression logique de l'agencement des descripteurs, et il comporte toujours le mot à définir. En voici un exemple : *Weaving is a method of producing cloth by interlacing two or more sets of yarns at right angle to each other*. Ce contexte, quoique bref, nous permet de connaître la nature de *weaving* : *a method*; sa finalité : *producing cloth*; la manière dont on y arrive : *by interlacing sets of yarns*.

Les contextes explicatifs renseignent sommairement sur quelques aspects de la notion recouverte par le terme étudié. Ils ne donnent pas une idée précise de cette notion, mais des indications suffisantes pour la distinguer et l'identifier. Prenons un exemple : *Each warp yarn must run straight from cloth beam to warp beam without being crossed with any other yarn; this is essential for raising and lowering the different harnesses to form a shed.* Ce contexte explique la façon dont on forme ce qu'on appelle a *shed,* sans en préciser nettement ni la nature ni la fonction. Mais pour celui qui a une idée du fonctionnement du métier à tisser, il apparaît assez clairement que le mot *shed* désigne l'angle formé par la séparation en deux nappes des fils de chaîne pour permettre le passage de la navette. Le terminologue, qui doit connaître le domaine dans lequel il travaille, peut, grâce aux indications du contexte, associer au mot anglais son équivalent français *foule.*

Pour être pleinement valable, la fiche terminologique doit présenter des contextes définitoires ou explicatifs sans lesquels il est difficile de justifier l'appariement des notions.

Il existe un troisième type de contexte : le contexte associatif, qui ne sert qu'à justifier l'appartenance du terme à la nomenclature de la recherche. Il n'offre pas assez de traits notionnels pour qu'on puisse en dégager une image notionnelle quelconque. Tel est le cas de termes qui figurent dans une énumération ou utilisés dans un énoncé de discours sans intention explicative. Par exemple, pour le mot *yarn,* le contexte suivant est purement associatif : *Weaving is a method of producing cloth by interlacing two or more sets of yarns.* Tout ce qu'on sait par ce contexte, c'est que *yarn* est une composante de l'opération tissage.

7.4 CONCLUSION

Les deux composantes de l'analyse terminologique, le découpage des unités et l'analyse des contextes, constituent la pierre de touche du travail terminologique. Il importe donc de bien maîtriser ces deux techniques si l'on veut faire un travail de qualité.

SUGGESTIONS DE TRAVAUX PRATIQUES

1. Faire l'analyse terminologique (découpage des termes et analyse des contextes) du texte donné au chapitre VI, selon la méthode expliquée dans le présent chapitre, en dégageant dans chaque cas les descripteurs et leur rapport avec la notion.

2. Donner, à partir d'un contexte ou d'une définition, un exemple de descripteur de nature, de fin, de manière, de matière, de cause et d'effet.

3. Justifier le découpage des termes suivants : *imprimé publicitaire, publicité par lettre, lettre de publicité* et *lettre de vente.*

CHAPITRE VIII

Application de la méthode d'analyse terminologique

8.1 Introduction

Nous allons maintenant procéder à l'application de la méthode, exposée au chapitre précédent. Il s'agit donc, dans le texte proposé, de repérer les unités terminologiques, de les découper et d'analyser les contextes qui les accompagnent.

8.2 Texte proposé

WEAVING

Weaving is a method of producing cloth by interlacing two or more sets of yarns, at least one warp and one filling set, at right angles to each other. The warp is also called ends, and the filling is also called picks or weft. The warp runs from front to back of the loom and lengthwise in a woven fabric. Extra warp yarns at each side form a selvage during weaving. Filling yarns run across from side to side, or from selvage to selvage.

The machine for weaving is a loom, of which there are several types, varying in complexity. All looms, from the most primitive to the most modern, operate on similar principles [...].

Essential parts of the loom include the warp beam, on which the warp yarns are wound; the cloth beam, on which the cloth is wound as it is woven; harness frames which carry the heddles, and which move up or down to form the weaving shed; heddles, each with an eye in the center, through which the individual yarns are threaded, usually one yarn to a heddle; the reed which keeps the warp yarns separated, helps to determine cloth width, and acts as a beater; and shuttles or bobbins for carrying the filling yarns across from side to side.

In preparation for weaving, the warp yarns are measured and wound evenly on the warp beam according to the number of warp yarns needed for the entire width of fabric. Each warp yarn, in consecutive order, is drawn through the eye of the correct heddle on the correct harness frame, according to the pattern to be woven, and then is carried through the correct opening in the reed to the front of the loom where all the warp yarns, when the threading is completed, are evenly tensioned and tied to the cloth beam apron. Each warp yarn must run straight from cloth beam to warp beam without being crossed with any other yarn; this is essential for raising and lowering the different harnesses to form a shed. During weaving, the harnesses are raised and lowered in an order determined by the pattern; as one harness (or group of harnesses) is raised, the other (or others) is lowered, causing a separation of the warp yarns as the heddles are carried up or down with the frames, thus forming a shed. The shuttle carrying the filling yarn goes through the shed from one side to the other, and the yarn left by its passing is beaten forward by the reed against the tied-in knots at the cloth apron or against cloth already woven. The harnesses then change position, a new shed is formed, and the procedure is repeated over and over. As power loom weaving proceeds, the warp beam automatically unrolls a little warp at a time, and the cloth beam takes up the finished cloth at almost the same speed, maintaining an even tension on the warp yarns. Looms may have two to twelve harnesses with hundreds of heddles on each harness frame[2].

8.3 SÉLECTION ET DÉCOUPAGE DES TERMES

Dans un texte dépouillé, il y a toujours plus de termes que de contextes significatifs pour les appuyer. Il convient cependant de les retenir en vue de l'établissement de la nomenclature. Nous

---

2. Evelyn E. STOUT, *Introduction to Textiles*, New York, John Wiley and Sons, 1970, p. 317-318.

allons donc identifier les unités qui semblent pertinentes et justifier leur découpage dans le cas des formes syntagmatiques.

weaving
producing cloth (*to produce cloth*)
yarn
warp, syn. *ends*
filling, syn. *picks*, *weft*
woven fabric (détermination essentielle de *woven* par rapport à *fabric*)
warp yarn, syn. de *warp* (forme étoffée) [ne pas retenir *extra warp yarn*, *extra* n'apporte qu'une caractérisation accidentelle]
selvage
filling yarn, syn. de *filling* (forme étoffée)
loom
warp beam (caractérisation de classement – s'oppose à *cloth beam* – et artifices typographiques)
cloth beam (caractérisation de classement – s'oppose à *warp beam* – et artifices typographiques)
harness frame (cooccurrence et artifices typographiques)
weaving shed (détermination essentielle de *weaving* par rapport à *shed*)
heddle
eye; *heddle eye* (forme inférée)
to thread a heddle (unité inférée de *with an eye* [...][3] *through which the individuel yarns are threaded, usually one yarn to a heddle*. Dans l'unité inférée, le déterminant *heddle* modifie le sens de *to thread*.)
reed
shuttle, syn. *bobbin*
threading
tension (*to*)
tie (*to*)
cloth beam apron (détermination essentielle de *cloth beam* par rapport à *apron*)
shed, syn. de *weaving shed* (forme abrégée)

---

3. Les points de suspension entre crochets indiquent que des éléments du contexte ont été éliminés parce qu'ils ont été jugés peu significatifs. Un mot ou un groupe de mots entre crochets indiquent un ajout du rédacteur ou du dépouilleur.

harness (rejeter *group of harness,* caractérisation accidentelle de *group*)

tied-in knot (détermination essentielle de *tied-in* par rapport à *knot*)

cloth apron, syn. de *cloth beam apron* (forme abrégée)

beat (*to*) *the yarn* (unité inférée de *the yarn left by its passing is beaten* [...] *by the reed.* Dans l'unité inférée, *beat* acquiert un sens particulier du fait de la présence de *yarn.*)

power loom (caractérisation de classement)

finished cloth (détermination essentielle)

8.3.1 OBSERVATIONS

Quand on dépouille un texte, on en reste tributaire et le dépouillement ne rend compte que du contenu de ce texte. Dans une recherche thématique, on ne peut se contenter de dépouiller un seul texte. Les dépouillements successifs vont donc s'éclairer et se compléter l'un l'autre. On aura remarqué que le texte cité est particulièrement riche en unités fonctionnelles : *to produce cloth, to thread a heddle, threading* [*of a loom*], *to tension, to tie, to beat the yarn.* Plusieurs d'entre elles sont d'ailleurs inférées, c'est-à-dire qu'elles n'ont qu'une valeur virtuelle; il faudra les attester par ailleurs. Il est important de noter ces unités parce qu'elles peuvent représenter des « idiotismes techniques », c'est-à-dire des façons d'exprimer des objets qui sont propres à la langue de spécialité étudiée, qui s'écartent des modes d'expression de la langue générale. Ces unités appartiennent bel et bien à la terminologie de la spécialité. Elles révèlent le caractère idiomatique de cette terminologie.

En procédant au dépouillement d'un texte, le terminologue doit utiliser au maximum sa connaissance du domaine. Ainsi, celui qui connaît le fonctionnement d'un métier à tisser sait que *the yarn left by* [*the*] *passing* [*of the shuttle in the shed*] s'appelle en français une **duite**. Nous nous trouvons en présence d'une notion que l'auteur du texte n'a pas dénommée. Il faudra voir s'il y a moyen de combler éventuellement cette carence par des dépouillements ultérieurs.

8.4 DÉCOUPAGE DES CONTEXTES

L'opération du découpage des contextes vise essentiellement à appuyer chaque unité de la nomenclature par un contenu notionnel significatif. Le terminologue doit donc choisir et découper ses contextes en fonction de leur teneur sémantique. Il lui importe d'identifier les traits sémantiques révélés par le contexte afin de déterminer la validité et l'étendue du contexte. C'est ce que nous allons tenter de faire dans l'exercice ci-après.

8.4.1 EXERCICE DE DÉCOUPAGE ET DE CLASSEMENT DE CONTEXTES

weaving
Weaving is a method [nature] *of producing cloth* [fin] *by interlacing* [manière] *two or more sets of yarns* [matière] [ ] *at right angle to each other* [manière]. – Contexte définitoire

warp; warp yarn; ends
The warp is also called ends. [...] *The warp runs from front to back of the loom and lengthwise in a woven fabric* [lieu]. [...] *the warp yarns are measured and wound evenly on the warp beam* [manière] [...] – Contexte explicatif

selvage
Extra warp yarns [matière] *at each side* [lieu] *form a selvage during weaving* [temps]. – Contexte explicatif

filling; picks; weft; filling yarn
[...] *the filling is also called picks, or weft.* [...] *Filling yarns run across from side to side* [lieu] [...] *The shuttle carrying the filling yarn goes through the shed* [manière] [...] – Contexte explicatif

loom
The machine [nature] *for weaving* [but] *is a loom* [...] *Essential parts of the loom include the warp beam,* [...] *the cloth beam,* [...] *harness frames,* [...] *heddles,* [...] *the reed* [...] *and shuttles* [composants] [...] – Contexte explicatif

warp beam
Essential parts of the loom [nature] *include the warp beam, on which the warp yarns* [objet] *are wound* [manière] [...] – Contexte explicatif

cloth beam
Essential parts of the loom [nature] *include* [...] *the cloth beam, on which the cloth* [objet] *is wound as it is woven* [manière] [...] – Contexte explicatif

harness frame
Essential parts of the loom [nature] *include* [...] *harness frames which carry the heddles* [fonction], *and which move up or down to form the weaving shed* [fin] [...] – Contexte explicatif

weaving shed; shed
[*The*] *harness frames* [...] *move up or down* [cause] *to form the weaving shed* [...] *Each warp yarn must run straight from cloth beam to warp beam without being crossed with any other yarns; this is essential for raising and lowering the different harnesses to form a shed.* [...] *The shuttle carrying the filling yarn goes through the shed* [fonction] [...] – Contexte explicatif

heddle
Essential parts of the loom [nature] *include* [...] *heddles, each with an eye in the center* [forme], *through which the individual yarns are threaded* [fonction], *usually one yarn to a heddle* [...] – Contexte explicatif

eye (hors contexte, probablement *heddle eye*)
heddles [support] [...] *with an eye in the center* [lieu] [...] – Contexte explicatif

reed
Essential parts of the loom [nature] *include* [...] *the reed which keeps the warp yarns separated* [fonction], *helps to determine cloth width* [fonction], *and acts as a beater* [fonction] [...] – Contexte explicatif

shuttle; bobbin
Essential parts of the loom [nature] *include* [...] *shuttles or bobbins for carrying* [fonction] *the filling yarns* [matière] *across from side to side* [manière]. – Contexte explicatif

threading
In preparation for weaving [but], *the warp yarns are measured* [manière] *and wound evenly* [manière] *on the warp beam according to the number of warp yarns needed for the entire width of fabric. Each warp yarn* [...] *is drawn through the eye of the correct heddle on the correct harness frame* [manière] [...] *and then is carried through the correct opening in the reed to the front of the loom* [manière] *where all the warp yarns, when the threading is completed, are evenly tensioned and tied to the cloth beam apron* [manière]. – Contexte explicatif

8.4.2 OBSERVATIONS

On notera que les autres unités relevées n'ont que des contextes associatifs; il faudra donc les attester par ailleurs. Le style, plutôt descriptif, du texte explique que la plupart des contextes ont un caractère explicatif et non définitoire.

Le découpage des contextes a aussi visé à attester la synonymie, le cas échéant.

Les descripteurs identifiés fourniront également la substance du crochet terminologique servant à l'appariement des notions en terminologie bilingue ou multilingue.

CHAPITRE IX
Terminologie bilingue ou multilingue

9.1 INTRODUCTION

Les méthodes de travail exposées dans les chapitres précédents peuvent s'appliquer autant à la terminologie unilingue qu'à la terminologie bilingue. Il convient cependant d'attacher une importance particulière à cette dernière, parce qu'elle implique des modalités qui lui sont propres, notamment pour la comparaison interlangue des notions. Cette comparaison permet de déterminer l'équivalence ou la correspondance des termes en présence.

9.2 ÉQUIVALENCE

Deux termes sont dits équivalents s'ils affichent une identité complète de sens et d'usage à l'intérieur d'un même domaine d'application. Ainsi, dans le domaine des relations de travail, *ancienneté* et *seniority* sont des termes équivalents parce qu'ils recouvrent tous les deux la même notion – « temps passé à travailler dans un emploi ou une entreprise » – et ne présentent pas de disparité quant à leurs modalités d'utilisation (niveaux de langue, usages géographiques ou professionnels, etc.).

Il y a équivalence même si chaque langue n'envisage pas la même notion sous le même angle. Prenons comme exemple, en radiotélévision, la notion suivante : « écarter du réseau pour la durée d'une émission une ou plusieurs stations ». En anglais, on met l'accent sur l'effet (*to black out*), en français, on le met sur la cause (*décrocher*). Cet écart d'appellation ne compromet pas l'équivalence des termes. Dans le domaine, on rendra toujours *to black out* par *décrocher*.

9.3 CORRESPONDANCE

L'équivalence des notions n'est pas toujours possible. Très souvent, le terme de la langue A ne recouvre que partiellement le champ de signification du terme de la langue B ou vice versa; ou encore l'un des termes peut se situer à un niveau de langue différent de son homologue de l'autre langue.

9.3.1 DISPARITÉS DE SENS

Lorsque deux termes présentent des disparités de sens, il faut circonscrire ces différences à l'aide des marques logiques.

La relation logique la plus fréquente en terminologie est celle de générique à spécifique. Le terme de la langue A comprend dans son champ de signification le terme de la langue B. Ainsi le terme français du domaine du mobilier *table de salon* englobe les termes anglais *coffee table, end table, lamp table*, etc. La relation inverse est également possible : *outdoor advertising* englobe *affichage extérieur* et *affichage-transport*.

Lorsqu'on se heurte à des cas de polysémie, il faut souvent identifier le glissement logique à l'origine de cette polysémie. Prenons, dans le domaine de la statistique, le mot *courbe*. Le terme signifie d'abord la représentation graphique de la distribution d'une population selon une caractéristique donnée. Par extension, le mot en est venu à désigner la distribution elle-même. Le terme anglais *curve* n'a pas connu la même évolution. Il en est resté au sens de « représentation graphique ». Pour deux termes anglais, *distribution* et *curve*, nous n'aurons qu'un seul terme français : *courbe*. La paire *curve = courbe* représente une équivalence; mais la paire *distribution = courbe* s'établit dans une relation de cause à effet en raison du glissement de sens subi en français par le terme *courbe*.

9.3.2 DISPARITÉS D'USAGE

L'équivalence des notions se trouve encore souvent troublée par la disparité des niveaux de langue. Une notion peut être désignée, dans une langue, par plusieurs termes qui se situent à des niveaux sociolinguistiques différents, tandis que l'autre langue pourra ne pas présenter le même découpage. Tel est le cas du terme anglais *zoom*, qui désigne un objectif dont on peut faire varier la distance focale pour rapprocher ou éloigner le sujet de la prise de vues. En français, deux possibilités : soit *objectif à focale variable* (niveau technico-scientifique), soit *zoom* (jargon des studios).

9.4 MARQUES D'USAGE

Pour circonscrire les correspondances sur la fiche termi-nologique, il faut recourir aux marques d'usage, comme on le fait pour différencier les quasi-synonymes. Pour la comparaison inter-langue des termes, ce sont surtout les marques sociolinguistiques qui vont retenir notre attention.

9.4.1 MARQUES SOCIOLINGUISTIQUES

Les langues de spécialité constituent des sous-systèmes de la langue générale, dont elles restent largement tributaires. Tout comme dans la langue générale, le registre d'expression utilisé conditionne le choix des termes.

La langue générale dispose de divers registres : populaire (langue parlée non en usage dans les milieux cultivés), familier (langue parlée en usage dans les milieux cultivés), usuel (tronc commun qui appartient à tous ceux qui utilisent la langue dans toutes les situations), littéraire (langue écrite) et poétique (réservé au domaine de la poésie). Ainsi la même notion, par exemple « meuble destiné au coucher », pourra recevoir diverses appella-tions selon le registre d'expression choisi : *plumard* est populaire, *lit* est usuel et *couche* est poétique.

Les langues de spécialité ont aussi, à l'instar de la langue générale, des registres d'expression auxquels correspondent des niveaux de langue. On distingue en général trois niveaux : le jargon d'atelier (propre aux échanges oraux entre techniciens), le registre technico-scientifique (qui appartient surtout à la langue écrite par les spécialistes) et le registre commercial (qui comprend la terminologie propre à une entreprise ou à un fabricant). Les termes non marqués relèvent du registre usuel.

Des termes comme *zoom* (en audiovisuel), *mailing* (en publicité), *quadri* (en imprimerie) sont de niveau « jargon » en français et correspondent, à un niveau plus soigné (technico-scientifique), à *objectif à focale variable*, *publipostage* et *quadrichromie*. On pourra noter, comme termes commerciaux, les marques déposées de fabricants, utilisées comme termes génériques – *bic* (stylo-bille), *kodak* (appareil photo), etc. – de même que la terminologie d'entreprise qui s'écarte de l'usage général de la spécialité; ainsi le terme *calculateur*, employé par un fabricant pour désigner ce que tout le monde nomme en informatique ordinateur.

9.4.2 MARQUES LOGIQUES

Pour marquer les écarts sémantiques, on aura recours aux marques logiques usuelles : générique (GÉN), spécifique (SP), cause (CAU), effet (EF), partie (PAR), tout (TO), etc., selon le rapport à circonscrire.

9.5 PORTÉE DES CORRESPONDANCES

Lorsqu'il y a correspondance entre des termes de langues différentes, la possibilité de rendre un terme par son homologue se trouve limitée par les données de leur rapport. Le mot anglais *distribution* ne peut se rendre en français par *courbe* que s'il renvoie au moins implicitement à une représentation graphique de la distribution. *Coffee table* ne peut se rendre par *table de salon* que si l'on ne fait pas référence à un type très précis de table.

Certains peuvent alors demander : Ne serait-il pas plus simple de laisser de côté les correspondances pour s'en tenir aux équivalences? D'une part, il n'est pas toujours possible d'établir des équivalences; d'autre part, cette attitude risquerait d'engendrer une falsification gênante du caractère idiomatique des langues de spécialité. Si les statisticiens français utilisent plutôt le mot *courbe* que le mot *distribution*, il faut tenir compte de cette donnée, sinon la terminologie proposée ne collera pas à la réalité.

9.6 CROCHET TERMINOLOGIQUE, CLÉ DU RECOUPEMENT DES NOTIONS

On entend par crochet terminologique les descripteurs communs aux contextes cités sur une fiche terminologique bilingue et qui attestent la parenté des notions dans l'une et l'autre langue.

Prenons un exemple :

exterior   COTAM   57   366

A setting made to represent an outdoor scene.

extérieur   SONRE   44   135

Pour un « intérieur », les murs qui limitent le décor sont constitués par une suite de châssis. Pour un « extérieur », les façades des maisons, les murs, les silhouettes d'arbres, de montagnes sont des châssis.

Dans cette fiche, le crochet terminologique est constitué des éléments suivants : pour l'anglais, *setting* et *outdoor scene*; pour le français, *décor* et *façades, maisons, murs, arbres et montagnes*.

La présence d'un crochet terminologique est habituellement nécessaire à la pleine validité d'une fiche terminologique bilingue. Faute d'un crochet explicite, il faut que se dégage du sens global des contextes un crochet implicite qui atteste l'appariement des notions. Généralement, seul un spécialiste peut juger de la validité d'une fiche sans crochet terminologique explicite.

Il est parfois tentant de penser que la correspondance formelle des unités terminologiques peut tenir lieu de crochet terminologique. Pourtant, rien n'est plus fallacieux. Ainsi on pourrait croire, à l'instar de bien des lexiques bilingues, que *outdoor advertising* correspond à *publicité extérieure*. Pourtant une analyse rigoureuse des contextes nous fait voir que *outdoor advertising* correspond à *affichage extérieur* et que c'est *out-of-home advertising* qui rend la notion de publicité extérieure.

Enfin, le crochet terminologique peut être constitué d'illustrations concordantes dans des catalogues, par exemple. Pour permettre d'identifier tel type de vis ou de boulons, l'illustration est particulièrement efficace.

9.7 CONCLUSION

L'appariement des termes dans une recherche terminologique bilingue ou multilingue repose sur l'identification de la notion par la mise en relief des descripteurs. Cette mise en relief doit s'accompagner d'une analyse du champ notionnel du terme retenu, ce qui permet d'en circonscrire la portée et de discerner par le fait même si l'on est en présence d'une équivalence ou d'une correspondance de sens ou d'usage.

Dans ce dernier cas, pour respecter le découpage de la réalité propre à chacune des langues en présence, il importe de bien saisir les rapports qui unissent les termes d'une langue à l'autre et de bien circonscrire, par les marques d'usage, la portée de chaque terme.

SUGGESTIONS DE TRAVAUX PRATIQUES

1. Après avoir vérifié le sens de chaque unité terminologique formant les paires de termes ci-après, évaluer la correspondance au sein de chacune au moyen des marques d'usage pertinentes.

Domaine : papeterie
loose-leaf binder et *reliure à glissière*

Domaine : publicité
outdoor advertising et *publicité extérieure*

Domaine : traitement de l'information
data processing et *informatique*

Domaine : gestion des salaires
secondary employment et *travail au noir*
moonlighting et *travail au noir*

2. Comparer les définitions ou contextes des unités suivantes pour dégager le crochet terminologique de chaque paire de termes.

Domaine : radiodiffusion
cocktail bar et *console de bruitage*

Domaine : papeterie
carbonless paper et *papier autocopiant*

Domaine : sport
track and field et *athlétisme*

CHAPITRE X
La fiche terminologique

10.1 Introduction

L'orientation donnée à la terminologie dans le présent ouvrage met l'accent sur la nécessité d'un contact constant avec la langue vivante en situation. À ce compte, les lexiques, vocabulaires ou monographies ne peuvent être que des produits dérivés de la recherche terminologique, parce qu'ils sont figés au moment de leur production. La véritable base du travail terminologique, c'est la fiche. Facile à classer, à modifier, à remplacer ou à mettre à jour, elle apparaît comme le véhicule idéal de l'information terminologique « en chantier ».

Tout traducteur soucieux de la qualité de son travail et de son efficacité devrait se constituer un fichier personnel de terminologie pour y consigner ses trouvailles, souvent fruits de longues recherches.

Pour le terminologue, la rédaction de fiches rigoureuses, répondant aux critères de validité de la discipline, constitue la pierre d'angle de son travail. On ne peut concevoir un travail terminologique sérieux qui ne recourrait pas à la fiche.

10.2 Définition de la fiche

La fiche terminologique est un document qui contient, sous une forme facilement accessible et repérable, des renseignements permettant d'identifier un terme, associé à un contenu notionnel suffisant, dans un domaine donné et dûment attesté par une source digne de foi.

10.3 FORMAT

L'avènement de l'informatisation des fichiers rend plus aléatoire la question du format à adopter. Pour le fichier informatisé, le format retenu dépend du logiciel de gestion de fichier utilisé. Certains logiciels privilégient le format séquentiel, où chaque champ apparaît successivement dans l'ordre qui lui a été assigné. D'autres adoptent le format synthétique, qui permet, d'un seul coup d'œil, de prendre connaissance de l'ensemble de la fiche terminologique. Les deux formules peuvent se justifier, et aucune ne présente d'inconvénients sérieux en contexte d'automatisation.

Pour ceux qui utilisent les fiches « classiques » sur support papier, le format synthétique est d'emblée préférable. Il facilite la consultation, le classement et la conservation des fiches. Évidemment l'emploi d'un format restreint oblige à quelques contraintes : troncation des citations et emploi de codes pour représenter divers paramètres. Par contre, il force à une certaine ascèse, car on ne retiendra que l'information essentielle, et évite ainsi les risques d'engorgement par des données parasites.

10.4 CONTENU

La fiche unilingue doit comprendre les éléments suivants, chacun correspondant à un champ délimité sur la fiche.

CHAMP 1 – VEDETTE : Unité terminologique présentée dans son ordre syntagmatique normal (pas d'inversion) et dans sa forme lexicale de base, c'est-à-dire sans majuscule à l'initiale (sauf s'il s'agit d'un nom propre); le terme doit y apparaître au singulier (sauf si le pluriel a une signification terminologique) pour le nom, à l'infinitif pour le verbe et au masculin singulier pour l'adjectif. Si la source citée atteste un usage synonymique (contexte synonymique), le ou les synonymes donnés peuvent figurer dans ce champ à la condition que chaque terme soit séparé par un point-virgule.

Dans le fichier automatisé, chaque synonyme est déclaré comme vedette et donne accès à la fiche. Dans le fichier manuel, chaque synonyme doit faire l'objet d'une fiche qui renvoie à la fiche principale.

CHAMP 2 – SOURCE : Référence bibliographique du texte cité qui atteste l'unité terminologique et son contexte. Cette information apparaît en code sur la fiche. Le code doit donner accès à une fiche bibliographique. (Voir les modèles ci-après.)

CHAMP 3 – DATE DE LA SOURCE : Année de publication de la source citée, généralement les deux derniers chiffres.

CHAMP 4 – RÉFÉRENCES : Numéro du volume (si l'ouvrage cité en comprend plusieurs) et page de la citation.

CHAMP 5 – MARQUES GRAMMATICALES : Réservé aux marques qui ont une incidence terminologique (sens différent selon le genre ou le nombre, genre flottant, forme pouvant appartenir à des catégories grammaticales différentes, par exemple, *informatique* : nom ou adjectif.

CHAMP 6 – MARQUES D'USAGE ET LOGIQUES : Pour les particularités dûment constatées (usages géographiques parallèles, rapport de générique à spécifique, etc.). Voir ci-après pour le codage de ces marques.

CHAMP 7 – CONTEXTE : Citation extraite de la source où figure l'unité terminologique donnée en vedette ou définition lorsque la source citée est un ouvrage lexicographique ou terminologique.

CHAMP 8 – DOMAINES : Pour les fiches thématiques, trois derniers niveaux de l'arbre de domaine; pour les fiches ponctuelles, domaine général d'application. La fiche terminologique ne vaut que pour le domaine indiqué.

CHAMP 9 – SIGNATURE : Code du rédacteur de la fiche et date de la rédaction.

CHAMP 10 – CLÉS D'ACCÈS : Éléments qui permettront d'accéder à la fiche si la vedette est inconnue (synonymes, termes connexes, descripteurs tirés du contexte). Dans le fichier automatisé, chaque élément déclaré devient clé d'accès. Dans le fichier manuel, chaque élément doit faire l'objet d'une fiche qui renvoie à la fiche principale.

APPLICATION

Fiche de base

Champ 1 :   warp; ends

Champ 2 :   STOTE

Champ 3 :   70

Champ 4   317

Champ 5 :   s.o.

Champ 6 :   s.o.

Champ 7 :   The *warp* is also called *ends*. [...] The warp runs from front to back of the loom and lengthwise in a woven fabric.

Champ 8 :   textile; weaving

Champ 9 :   LB (pour Louise Barnett) – 88-11-07

Champ 10 :   loom; woven fabric

Fiches complémentaires

1. Code de source. Fiche bibliographique
STOTE
Stout, Evelyn E., *Introduction to Textiles*, New York, John Wiley and Sons, 1970.

2. Fiche de renvoi synonymique
ends
voir warp

3. Fiche de déclaration d'accès (renvoi analogique)
loom
voir aussi warp

woven fabric
voir aussi warp

(On notera que les renvois synonymiques s'indiquent par « voir » et les renvois analogiques par « voir aussi ». Les appellations de domaines et de sous-domaines pourraient aussi être traitées comme renvois analogiques. Dans le fichier automatisé,

ces fiches ne sont pas nécessaires. Il suffit de marquer informatiquement les clés d'accès.)

La fiche bilingue comprend 16 champs, soit les 7 premiers
champs pour chaque langue. Le contenu des champs 8 et 9 est
reporté à la fin de la fiche dans les champs 15 et 16. Le champ 10
disparaît puisqu'on dispose de l'unité terminologique dont on
cherche l'équivalent dans l'autre langue.

APPLICATION

Fiche de base

CHAMP 1 :   warp; ends

CHAMP 2 :   STOTE

CHAMP 3 :   70

CHAMP 4   317

CHAMP 5 :   s.o.

CHAMP 6 .   s.o.

CHAMP 7 :   The *warp* is also called *ends*. [...] The warp runs
from front to back of the loom and lengthwise in a woven fabric.

CHAMP 8 :   chaîne; fil de chaîne

CHAMP 9 :   MEUTE

CHAMP 10 :   88

CHAMP 11 :   117

CHAMP 12 :   s.o.

CHAMP 13 :   s.o.

CHAMP 14 :   La chaîne, ou si l'on veut le fil de chaîne,
s'étend d'une extrémité à l'autre du métier à tisser, de l'ensouple
au rouleau toilier. Elle est disposée dans le sens de la longueur
d'un tissu.

CHAMP 15 :   Textile; weaving (textile; tissage [en français])

CHAMP 16 :   LB (Louise Barnett) – 88-11-7

Quel que soit le format adopté, il faut retrouver ces 16 champs dans la fiche terminologique bilingue. Si l'on voulait établir une fiche trilingue, il faudrait ajouter, pour la troisième langue, les 7 champs supplémentaires de la fiche unilingue et réserver aux champs 22 et 23 les domaines et la signature.

Fiches complémentaires

1. Code de source. Fiche bibliographique

STOTE
Stout, Evelyn E., *Introduction to Textiles*, New York, John Wiley and Sons, 1970.

MEUTE
Meunier, Jean, *Initiation aux textiles*, Paris, Edidon, 1988.

2. Fiche de renvoi synonymique

ends
voir warp

fil de chaîne
voir chaîne

10.5 TRAITEMENT

10.5.1 SYNONYMES

Seuls les synonymes, attestés par un contexte synonymique, peuvent figurer dans le champ 1 de la fiche terminologique avec l'unité vedette. Si les synonymes ne sont pas attestés par la source citée sur la fiche, ils doivent figurer sur des fiches distinctes, avec renvoi réciproque. En terminologie bilingue, la synonymie peut exister en langue de départ ou en langue d'arrivée ou les deux à la fois.

En langue de départ, prenons l'anglais à titre d'exemple, la source A atteste le terme *private brand*, avec des traits notionnels suffisants. La source B atteste le terme *distributor's brand*, avec contenu notionnel similaire. On peut donc conclure à la synonymie de *private brand* et de *distributor's brand*. On établira alors une première fiche avec le premier terme en citant la source A. À la fin du champ 7, qui contient le contexte ou la définition, on indiquera le renvoi synonymique « voir *distributor's brand* ».

On établira ensuite une deuxième fiche pour ce deuxième terme, à partir de la source B, avec renvoi synonymique à *private brand* à la fin du champ 7.

En langue d'arrivée, ici le français, une situation analogue se retrouve. La source Y donne le terme *marque maison* avec un contexte significatif. La source Z donne *marque de distributeur* pour un contexte analogue. La synonymie de *marque maison* et de *marque de distributeur* se trouve ainsi attestée par deux sources différentes. Le lien synonymique sera alors marqué par la référence au même terme en langue de départ.

Illustrons le traitement à l'aide de fiches schématiques.

Fiche 1

private brand   A
(contexte) voir distributor's brand

marque maison   Y
(contexte)

Fiche 2

private brand (sans autre indication)

marque de distributeur   Z
(contexte)

Fiche 3

distributor's brand   B
(contexte) voir private brand

marque maison (sans autre indication)

Fiche 4

distributor's brand (sans autre indication)

marque de distributeur (sans autre indication)

La fiche 1 constitue une fiche de base qui dispense de répéter sur la fiche 2 le contexte déjà cité sur la première. De même les contextes français pour *marque maison* et *marque de distributeur* apparaissent sur les fiches 1 et 2; on peut se dispenser de les reproduire sur les fiches 3 et 4. La référence à *private brand* sur la fiche 3 permet de récupérer toutes les informations dont on peut avoir besoin, puisque que les fiches 1 et 2 seront consécutives dans le fichier, de même que les fiches 3 et 4.

Le traitement de la fiche avec contexte synonymique est plus simple. Reprenons l'exemple déjà donné avec *warp* et *chaîne*.

FICHE 1

warp; ends (source)
(contexte synonymique)

chaîne; fil de chaîne (source)
(contexte synonymique)

FICHE 2

ends (sans autre indication)

voir warp

Dans un fichier manuel, la consultation se fait en langue de départ, soit à partir de *warp* (on trouve alors le synonyme anglais et les deux termes synonymes en français), soit à partir de *ends* (il faut alors se reporter à la fiche *warp* où l'on trouve tous les renseignements nécessaires pour rendre *ends*).

Dans un fichier automatisé, tous les termes sont des entrées déclarées; la fiche 2 devient alors inutile.

10.5.2 CONTEXTES

Les contextes peuvent être parfois dilués, c'est-à-dire qu'ils peuvent comporter des éléments sans portée terminologique intéressante. Pour éviter d'avoir à reproduire des contextes inutilement longs, on peut, à la condition de l'indiquer clairement, laisser tomber des éléments du contexte cité. Pour ce faire, il faut recourir à un symbole de troncation : les points de suspension entre crochets. Par exemple, dans le texte cité au chapitre VIII, le troisième paragraphe présente les éléments essentiels du métier à tisser. Chaque élément nommé constitue une unité terminologique, mais il serait inutilement onéreux de reproduire tout le paragraphe pour chacun. On procédera donc à la troncation des segments non pertinents. Ainsi pour *heddle*, le contexte cité se lira ainsi : *Essential parts of the loom include* [...]

heddles, each with an eye in the center, through which the individual yarns are threaded, usually one yarn to a heddle. Les points de suspension entre crochets indiquent qu'on a laissé tomber la partie du paragraphe qui va de *the warp beam* à *weaving shed.*

Dans les cas de troncations importantes, il faut parfois rétablir la cohérence de lecture du contexte en faisant certaines charnières ou en remplaçant un pronom par son antécédent. Il s'agit alors de signaler que l'auteur de la fiche est intervenu dans le déroulement du contexte et qu'il y a fait un ajout. Ces interventions ou interpolations seront placées entre deux crochets délimitant le texte ajouté. Prenons par exemple le texte suivant :

> La chaîne, ou si l'on veut le fil de chaîne, est montée de l'avant à l'arrière du métier à tisser. Fixée d'abord sur l'ensouple, elle est nouée à la bande-amorce du rouleau toilier. Elle peut désigner soit un fil de chaîne pris isolément, soit l'ensemble des fils de chaîne. La chaîne se divise en deux nappes pour former la foule. C'est dans la foule que passe la duite, c'est-à-dire le fil de trame contenu dans la bobine et laissé dans la foule. Dans le tissu constitué, elle forme l'ensemble des fils parallèles dans le sens de la longueur[4]

Si on veut attester sur une fiche la polysémie du mot *chaîne,* on retiendra l'énoncé suivant : « [la chaîne] peut désigner soit un fil de chaîne pris isolément, soit l'ensemble des fils de chaîne [qui,] dans le tissu constitué, forme [les] fils parallèles dans le sens de la longueur. »

On remarquera le remplacement du pronom *elle* par *la chaîne,* l'ajout du relatif *qui* pour joindre les deux parties de l'énoncé – cet ajout marque aussi une troncation – et le remplacement de « l'ensemble des » par l'article simple *les,* toujours pour assurer la cohérence de lecture.

10.5.3 CODAGE

Le recours au codage de certaines informations est un mal nécessaire, car il comporte, en dépit de ses inconvénients, des avantages non négligeables d'économie de temps et d'espace. Pour

---

4. Jean MEUNIER, *Initiation aux textiles,* Paris, Edidon, 1988, p. 117.

conserver à la fiche terminologique un format pratique, il faut coder les informations non essentielles à son intelligibilité immédiate.

10.5.3.1 Sources

Les sources de l'information terminologique ne peuvent être données en clair sur la fiche terminologique à cause de l'espace restreint sur la fiche papier. Même dans le cas de fichiers automatisés, l'accaparement de la mémoire par la répétition de la même information, notamment la référence bibliographique, alourdit inutilement la gestion du fichier.

Un mode de codage simple, combinant des éléments du nom de l'auteur et du titre de l'ouvrage de façon à former un acronyme prononçable, est généralement appliqué dans la pratique. Ce code comprend généralement cinq lettres ainsi combinées :

a) **Si le mot principal du titre commence par une voyelle,** on coupe le nom de l'auteur après la deuxième consonne, puis on y ajoute les premières lettres du mot principal jusqu'à ce que le tout forme un ensemble de cinq lettres. Le code commence toujours par les lettres du nom de l'auteur.

Exemple : *Agriculture* (AG) *d'aujourd'hui* par Paul Genest (GEN), d'où le code GENAG.

b) **Si le mot principal du titre commence par une consonne,** on coupe le nom de l'auteur après la première voyelle avant d'ajouter les premières lettres du mot principal.

Exemple : *Le Dynamisme* (DYN) *personnel de l'enfant* par H. Pierre (PI), d'où le code PIDYN.

c) **S'il s'agit d'une revue dont le titre est formé d'un seul mot,** on retient les premières lettres jusqu'à concurrence de cinq. Si le titre est formé de deux mots ou plus, on soude les éléments des mots principaux selon la même règle que pour les titres d'ouvrages pour former un acronyme prononçable.

Exemples :
Meta : titre intégral conservé, en majuscules
Revue française de gestion : code FRAGE
Emballage Digest : code EDIGE

Aux fins du codage, les appellations qui désignent la nature de l'ouvrage – dictionnaire, vocabulaire, manuel, guide, vade-mecum, revue, journal, etc. – ne sont pas tenues pour significatives.

Chaque code doit renvoyer à une fiche bibliographique qui comprend les éléments suivants dans l'ordre : le nom de l'auteur, suivi du prénom ou de l'initiale (s'il y a deux auteurs, le nom du deuxième n'est pas inversé; s'il y a plus de deux auteurs, on fait suivre le nom du premier de la mention *et collab.* en français ou de *et al.* en anglais); le titre de l'ouvrage, qui doit être souligné ou en italique; le numéro de l'édition (sauf pour la première); le lieu d'édition (si l'ouvrage en indique plusieurs, ne retenir que le premier); le nom de l'éditeur, l'année de publication; le nombre de pages ou la tomaison, selon le cas.

Pour une revue, on donnera le titre au long en italique ou souligné, le lieu de sa publication, le nom de l'éditeur et sa périodicité. S'il s'agit d'un ouvrage publié sous la direction d'une personne, avec de nombreux collaborateurs, le nom du coordonnateur est traité comme un nom d'auteur.

Exemples de fiches bibliographiques

BECIN
BESSY, Maurice et Jean-Louis Chardan, *Dictionnaire du cinéma et de la télévision*, Paris, Jean-Jacques Pauvert, 1971, 4 vol.

TREST
TREMBLAY, Gilles, *ABC du style publicitaire français*, Montréal, Linguatech, 1982, 103 p.

HOTRA
HORGUELIN, Paul A. (dir.), *La Traduction, une profession, Actes du VII Congrès mondial de la Fédération internationale des traducteurs*, Ottawa, Conseil des traducteurs et interprètes du Canada, 1978, 576 p.

META
Meta, journal des traducteurs, Montréal, Presses de l'Université de Montréal, trimestriel.

10.5.3.2 Marques

La multiplicité des marques pose de réels problèmes quand il s'agit de représenter chacune par un symbole significatif. Nous nous rallions aux usages dominants, tout en reconnaissant l'arbitraire qui préside à ce choix.

a) **Marques géographiques** (identifiant des usages parallèles selon les régions géographiques) : pour le français, FF (France), FB (Belgique), FC (Canada), FS (Suisse), FQ (Québec), FA (Afrique); pour l'anglais, US (États-Unis), GB (Grande-Bretagne), CA (Canada).

b) **Marques sémantiques** : GÉN (générique), SP (spécifique), CAU (cause), EF (effet), PAR (partie), TO (tout), CON (concret), AB (abstrait), etc.

c) **Marques sociolinguistiques** : JAR (jargon d'atelier), TSC (technico-scientifique), COM (niveau commercial).

Rappelons que ces marques ne doivent apparaître que si elles servent à circonscrire des correspondances de sens ou d'usage.

d) **Marques grammaticales** : N (nom), ADJ (adjectif, V (verbe), VT (verbe transitif), VI (verbe intransitif), M (masculin), F (féminin), NE (neutre), S (singulier), PL (pluriel).

Les marques grammaticales ne sont obligatoires que si elles ont une incidence terminologique : confusion de catégories grammaticales, risque de vices de construction, incertitude quant au genre, valeur sémantique particulière du nombre et du genre.

10.5.3.3 Domaines

L'indication du domaine et des sous-domaines peut se faire en clair ou sous forme abrégée. Si l'on opte pour cette dernière solution, on aura soin de s'assurer que l'abréviation utilisée ne sert pas déjà à une autre fin.

10.5.3.4 Signature

Lorsque les fiches doivent être intégrées à un fichier central et que les collaborateurs sont nombreux, il faut que le rédacteur de la fiche donne son identité au moyen d'un code exclusif qui ne doit pas faire double emploi avec un code déjà utilisé à d'autres fins. Tous les codes de rédacteurs de fiches doivent être expliqués dans le fichier des collaborateurs. La date de rédaction doit accompagner la signature. On l'indiquera conformément aux recommandations de l'International Standard Organisation (ISO) : année-mois-jour.

10.6 CONCLUSION

La rédaction d'une fiche terminologique doit tenir compte du caractère toujours en devenir de l'information consignée. La fiche terminologique n'est pas un document infaillible, à jamais figée. Elle est un instantané d'un usage dûment attesté dans le temps et le lieu. Il importe donc de conserver à la fiche le maximum de simplicité de rédaction, sans rien sacrifier de la rigueur indispensable à la validité de l'information donnée. Dans le même ordre d'idée, il importe de lier chaque fiche à une seule source documentaire par langue. Si l'on juge qu'une deuxième source apporte un complément important d'information, on établira une deuxième fiche pour cette source.

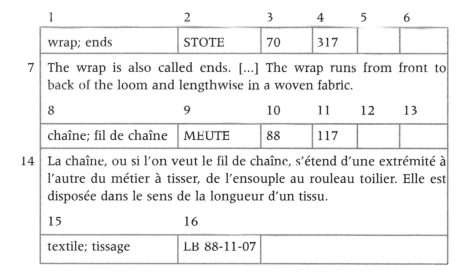

1		2	3	4	5	6
wrap; ends		STOTE	70	317		

7	The wrap is also called ends. [...] The wrap runs from front to back of the loom and lengthwise in a woven fabric.

8		9	10	11	12	13
chaîne; fil de chaîne		MEUTE	88	117		

14	La chaîne, ou si l'on veut le fil de chaîne, s'étend d'une extrémité à l'autre du métier à tisser, de l'ensouple au rouleau toilier. Elle est disposée dans le sens de la longueur d'un tissu.

15	16	
textile; tissage	LB 88-11-07	

Figure 3 – *Exemple d'une fiche bilingue de format synthétique*[5].

---

5. Les numéros inscrits renvoient aux explications concernant chaque champ. (Voir la section 10.4.)

SUGGESTIONS DE TRAVAUX PRATIQUES

1. Travail thématique commandé. Trouver un texte français sur le tissage qui recoupe le texte d'Evelyn Stout, cité précédemment. Faire l'analyse terminologique de ce texte et établir le plus grand nombre possible de fiches bilingues à l'aide de ces deux textes.

2. Travail thématique libre. Sur un thème au choix, établir 10 fiches terminologiques bilingues, conformément aux prescriptions des chapitres précédents.

CHAPITRE XI
La définition terminologique

11.1 INTRODUCTION

La définition terminologique a pour objet de donner d'une notion une image mentale exacte. Elle ne s'astreint pas, comme la définition lexicographique, aux critères d'extension (application à l'ensemble des objets désignés par le terme défini) et de compréhension (réunion de la totalité des éléments signifiés par le terme défini). Il faut et il suffit qu'elle dégage une image identifiable de la notion en s'appuyant sur ses traits essentiels. La définition est surtout employée en terminologie dans l'élaboration des vocabulaires. Mais en raison des nouvelles exigences de la Loi sur le droit d'auteur, qui limitent singulièrement la possibilité de citer une source sur un support diffusé dans le public, il se peut que les banques de terminologie aient désormais recours à la définition élaborée à partir des contextes pour les documents qu'elles distribuent dans le public.

11.2 QUALITÉS ESSENTIELLES DE LA DÉFINITION

Les qualités qu'il faut exiger d'une définition terminologique sont les suivantes :

a) **Clarté.** Une bonne définition ne doit comporter aucune ambiguïté de sens ni de structure. Elle doit se comprendre et s'interpréter facilement. Elle doit répondre aux règles générales de la bonne rédaction.

Voici un exemple d'une définition qui manque de clarté à cause de ses vices de rédaction : « Amateur (racquetball) : Toute personne qui ne tire pas sa subsistance ou ne s'occupe pas du racquetball à titre lucratif. »

Sur le plan de la syntaxe, la locution verbale « tirer sa subsistance » n'a pas de complément d'objet, étant donné que le complément circonstanciel « à titre lucratif » rattache « du racquetball » uniquement à « ne s'occupe pas ».

Sur le plan de la construction, le recours à la forme négative donne beaucoup trop d'extension à la formulation. Même en n'ayant jamais touché à une raquette, on pourrait être considéré comme un amateur, selon cette définition.

On la corrigera ainsi : « Personne qui pratique le racquetball sans en tirer sa subsistance ni de rémunération. »

b) **Adéquation.** La définition doit s'appliquer à la notion à définir et à elle seule.

La définition suivante de métier à tisser est inadéquate. « Appareil servant à constituer des étoffes. » Cette définition peut s'appliquer non seulement au métier à tisser, mais aussi à la machine à tricoter et à la presse à feutrer.

On pourra la rectifier ainsi : « Machine servant à constituer des tissus par l'entrecroisement de fils de chaîne et de fils de trame. »

Pour être vraiment adéquate, la définition doit être réciproque, c'est-à-dire que l'identité totale entre le terme défini et la définition permettrait théoriquement de remplacer l'un par l'autre.

c) **Concision.** La définition terminologique doit s'en tenir à l'enchaînement logique des traits sémantiques essentiels et tenir autant que possible dans une seule phrase. Cette dernière exigence oblige le rédacteur à bien hiérarchiser les traits notionnels et à bien situer leurs rapports avec la notion. On évitera d'inclure dans la définition des développements encyclopédiques (qui pourront figurer en note si on le juge nécessaire) et la mention de domaine. Dans un vocabulaire thématique, cette mention doit figurer dans un champ réservé à cet effet soit au début, soit à la fin de chaque article.

11.3 DÉFAUTS À ÉVITER

Les principaux vices susceptibles d'invalider une définition sont les suivants :

a) **Tautologie.** Une définition est tautologique si elle comprend le mot à définir ou un mot de la même famille, à moins que ce mot n'ait déjà été défini dans l'ensemble des termes étudiés.

Voici une définition tautologique du métier à tisser : « Appareil servant au tissage des étoffes. » En effet, si *tissage* n'est pas défini par ailleurs, il n'éclaire pas le sens de *tisser*.

Il faut savoir faire preuve de jugement pour décider si la définition est vraiment tautologique ou non. Si l'élément tautologique est très connu des usagers éventuels de la définition, il peut être toléré si son élimination entraîne des complications inutiles pratiquement.

b) **Circularité.** Une définition est circulaire quand elle renvoie à une notion qui est elle-même définie par la première. Ainsi, dans le domaine du papier, définir *calandrer* par « lustrer » et *lustrer* par « calandrer ».

c) **Négativité.** Autant que possible, la définition doit avoir une forme positive. Il faut dire ce qu'est la notion plutôt que ce qu'elle n'est pas. Il est à noter toutefois que certaines notions scientifiques ne peuvent se définir que négativement.

Prenons, par exemple, la notion de publicité extérieure ainsi définie : « Activité de promotion qui ne vise pas les foyers. » On aura une définition beaucoup plus précise si on la formule positivement : « Activité de promotion qui s'adresse au consommateur à l'extérieur de son foyer. »

11.4 MODES DE DÉFINITION

Il existe plusieurs modes de définition que le terminologue peut utiliser au gré des circonstances, des besoins ou des possibilités. Certains modes sont plus explicites et produisent des définitions plus éclairantes. Mais, compte tenu des besoins des usagers, souvent une définition très sommaire peut être suffisante.

11.4.1 DÉFINITION PAR GENRE PROCHAIN ET DIFFÉRENCE SPÉCIFIQUE

Il s'agit d'un modèle fondamental de définition, largement utilisé en lexicographie, mais qui sert aussi abondamment en terminologie. Il offre l'avantage de la brièveté en ramenant une notion à ses éléments essentiels. Il faut situer la notion dans le **genre,** c'est-à-dire dans le groupe d'objets ayant avec elle des caractères communs, et préciser la **différence spécifique,** c'est-à-dire ce qui différencie la notion étudiée des autres objets du même genre. Ainsi la notion de **siège** appartient au genre **meuble.** La notion de **fauteuil** appartient au genre **siège.** Pour définir *siège*, on utilisera le genre auquel il appartient, soit **meuble** et on précisera ce qui différencie le siège des autres meubles, soit sa finalité : « fait pour qu'on puisse s'y asseoir ».

11.4.2 DÉFINITION PAR MODALITÉS CIRCONSTANCIELLES

Ce mode de définition vise à mettre en relief les caractéristiques constituantes d'une notion à partir de ses descripteurs, qui expriment ses particularités : nature, forme, matière, but, cause, effet, temps, lieu, etc.

Il faut traiter d'une façon particulière la modalité du domaine d'emploi parce qu'en terminologie, un terme ne peut être dissocié de son domaine d'utilisation. Une définition terminologique fait donc toujours une référence implicite au domaine d'emploi. Si l'on veut expliciter cette référence, il vaut mieux le faire en dehors du cadre strict de la définition, par une mention spéciale du domaine soit au début, soit à la fin.

Définissons maintenant le *métier à tisser* selon ses modalités circonstancielles : Machine (nature) permettant d'entrelacer (effet) les fils de trame et les fils de chaîne (matière) pour constituer un tissu (fin). Domaine : tissage.

11.4.3 DÉFINITION PAR DESCRIPTION À L'AIDE DES COMPOSANTS

Ce mode de définition sert en particulier à définir les pièces et les appareils d'une installation ou une collection d'objets apparentés : vis, boulons, écrous, etc. On procède généralement en situant la notion à définir dans son genre prochain, puis en greffant sur cet incluant l'énumération des parties constitutives.

Voyons-en un exemple.

Loom : a weaving machine the essential parts of which are a warp and a cloth beam, two or more harness frames with heddles, a reed and one or more shuttles.

Pour définir une collection de vis, par exemple, on précisera pour chaque type la caractéristique de la tête, de la tige, du filet, du pas, etc.

11.4.4 DÉFINITION PAR SYNONYMES OU PARAPHRASE SYNONYMIQUE

Il s'agit d'un mode sommaire de définition qui suppose chez l'utilisateur la connaissance du sens des synonymes utilisés, puisque c'est par l'évocation d'un ou de plusieurs synonymes qu'on veut préciser la notion à définir.

Ainsi dans le domaine du papier, on pourra définir *glossy* par « *moderately shiny* » et *opalin* par « blanchâtre, laiteux ».

11.4.5 DÉFINITION PAR DESCRIPTION D'UNE ACTION

Ce mode de définition consiste à décrire une action d'après ses différentes étapes dans l'ordre chronologique de leur déroulement.

Donnons deux exemples.

Tisser : Entrelacer, suivant une armure donnée, les fils de chaîne (en longueur) et les fils de trame (en largeur) en rabattant ces derniers à l'aide d'un peigne.

Tissage : Entrecroisement des fils de chaîne et des fils de trame, par le passage d'un fil de trame dans l'espace formé par la séparation des fils de chaîne en deux nappes.

11.5 CONSTRUCTION DES DÉFINITIONS

11.5.1 CHOIX DU MODE À ADOPTER

Il n'existe pas un modèle unique de définition convenant à toutes les situations. Il faut déterminer chaque fois, en tenant compte des descripteurs ou traits notionnels dont on dispose, des besoins de l'usager éventuel et du niveau de vocabulaire où le terme se situe, le mode de définition à adopter.

Par exemple, la définition par genre prochain et différence spécifique conviendra pour définir une notion sans entrer dans les détails. Pour les monographies, notices et manuels, les définitions circonstancielles seront mieux adaptées parce que plus renseignantes, tandis que la définition des pièces et machines se fait idéalement par la description des composants.

Les termes de niveau fonctionnel (voir premier chapitre, section 1.3.2.1, *b*) se définiront mieux par la paraphrase synonymique ou la description du déroulement d'une action. Les adjectifs et les verbes ainsi que les locutions adjectives ou verbales se prêtent bien à la définition par paraphrase synonymique, tandis que les opérations complexes appellent souvent une description selon les étapes de leur déroulement.

Il est en outre possible de combiner deux types de définition s'il y a quelque profit à le faire.

11.5.2 Choix du mot d'ancrage de la définition

Le premier mot de la définition en constitue le fondement. C'est la pierre d'assise sur laquelle vont reposer les autres éléments de la définition. Aussi est-il important de bien le choisir.

11.5.2.1 L'incluant

Lorsqu'il s'agit d'une définition par genre et différence, par modalités circonstancielles ou par description, la définition doit commencer soit par le générique, qui englobe le terme à définir, soit par un descripteur de nature, qui permet de situer le terme selon son essence. C'est ce que les lexicographes appellent l'incluant, c'est-à-dire le mot qui est dans une relation d'inclusion par rapport au mot défini.

11.5.2.2 Formules d'ancrage

Certaines formules servent à définir des catégories de termes.

Pour les substantifs qui expriment une action, on utilise souvent la formule « Action de ».

Exemple :
LAVAGE : Action de nettoyer le minerai (mines).

Souvent les noms d'action s'appliquent aussi au résultat de l'action. On utilise alors la formule « résultat de l'action de ».

Exemple :
LAVAGE : Résultat de l'action de nettoyer le minerai (mines).

La définition des locutions adjectives ou adverbiales s'introduit souvent par la formule « se dit de ».

Exemple :
À L'ANTENNE : Se dit de ce qui passe sur les ondes d'une station de radio ou de télévision (radiotélévision).

Pour amorcer la définition des substantifs et des adjectifs qui marquent un état, les formules « le fait de », « état de » peuvent être utilisées.

Exemples :
FIBRILLATION : Le fait pour les fibres de cellulose d'être libérées de leur enveloppe externe (papier).

FIBRILLE : État d'une fibre de cellulose, libérée de son enveloppe externe (papier).

11.5.2.3 Synonymes

Si le mot d'ancrage de la définition est un synonyme, on le choisira de la même catégorie grammaticale que le terme à définir. Un verbe demande un verbe, un substantif, un substantif et un adjectif, un adjectif.

Exemples :
MARCHER : Remplir son objet, atteindre son but (publicité).
DISTORSION : Erreur qui se glisse dans les données d'évaluation (gestion des salaires).
CIBLÉ : Adapté à un public visé (publicité).

11.5.2.4 Défauts à éviter

En français, contrairement à l'anglais, l'article défini ou indéfini ne précède pas le substantif d'ancrage. Par exemple, pour définir *symbole* en publicité, on écrira non pas « La partie visuelle d'une marque », mais simplement « Partie visuelle... »

On évitera la présence d'adjectifs démonstratifs ou indéfinis devant le substantif d'ancrage. On définira *publicitaire,* non pas en commençant avec « Toute personne qui... » ou « Chaque personne qui... », mais simplement par « Personne qui s'occupe professionnellement de publicité. »

Si la définition utilise un incluant générique, il est superflu de l'introduire par des locutions comme « type de », « genre de ».

11.5.3 IDENTIFICATION DES TRAITS SÉMANTIQUES PERTINENTS

Les autres éléments de la définition sont fournis par les contextes d'utilisation des termes, relevés au cours d'une recherche terminologique. L'analyse des contextes permet de recueillir la matière première de la définition. Prenons par exemple le contexte suivant : « Le défibreur à meules uniques comporte une série de petites meules disposées de telle sorte qu'en râpant le bois, elles font tourner le rondin sur lui-même et le font avancer d'une meule à l'autre, jusqu'à ce que tout le rondin soit défibré. Ce dernier est soutenu par des galets. » On relèvera les descripteurs qui suivent : petites meules en série et galets (composants), défibrer le rondin (fin), en le râpant (manière).

11.5.4 ÉLABORATION FINALE

Les étapes décrites ci-dessus nous permettent maintenant d'élaborer la définition. Prenons comme exemple le contexte du paragraphe précédent pour élaborer la définition de *défibreur à meules uniques.* Nous allons procéder par genre et différence et par modalités circonstancielles. Nous prenons comme incluant le genre prochain de défibreur, soit machine; la différence spécifique nous sera fournie par le macrocontexte qui traite de la préparation de la pâte mécanique; sur ces éléments nous grefferons les descripteurs analysés plus haut, pour arriver au texte suivant :

DÉFIBREUR À MEULES UNIQUES : Machine de préparation de la pâte mécanique constituée de petites meules en série sur lesquelles le rondin, soutenu par des galets, roule pour être défibré par râpage. (Papier, pâtes)

11.6 CONCLUSION

La définition terminologique doit permettre aux usagers de se faire une image mentale exacte de la notion. À cette fin, on peut combiner plusieurs modes de définition pour constituer cette image. Si l'on observe les étapes d'élaboration décrites ci-dessus, si l'on en respecte les règles tout en construisant un énoncé cohérent et clair, le résultat sera nécessairement satisfaisant.

Suggestions de travaux pratiques

1. Faire l'analyse du contexte suivant et élaborer une définition à partir des descripteurs identifiés. « Le piston sert de paroi mobile à la chambre de combustion formée par le cylindre et la culasse; il reçoit la pression des gaz de la combustion et la transmet à l'embiellage. Le piston se compose principalement d'un disque épais, le fond, et d'une partie cylindrique creuse, la jupe, laquelle sert à assurer son coulissement dans le cylindre. »

2. Définir le terme *métier à tisser* par genre et différence et par les composants essentiels.

CHAPITRE XII

Synonymie

12.1 Introduction

Idéalement le terme devrait être uni à sa notion dans un rapport monosémique : un terme pour chaque notion. Dans la pratique, il arrive qu'un même terme recouvre plusieurs notions et que plusieurs termes désignent une même notion. Dans cette dernière situation, la terminologie s'efforce de circonscrire les rapports qui unissent des termes à une même notion. L'étude des synonymes ne vise pas d'autres fins.

12.2 Typologie

Aux fins de la terminologie, il convient de distinguer trois types de synonymes : les synonymes absolus, parfaitement interchangeables, les quasi-synonymes, qui partagent la même aire notionnelle, mais se distinguent par leur utilisation, et les faux synonymes, qui, par leur appartenance à un même champ sémantique, partagent un noyau de traits communs, mais se distinguent par des caractéristiques propres.

12.2.1 Synonymes absolus

Les termes absolument interchangeables sont plutôt rares. Le plus souvent, ils appartiennent à un registre d'expression général. Plus l'expression s'affine et se précise, plus les synonymes absolus se raréfient. Ainsi, dans le présent ouvrage, nous traitons *terme* et *unité terminologique* comme des synonymes absolus, mais un autre auteur pourrait bien les distinguer en ajoutant des précisions sémantiques ou en spécialisant leur usage. On assimile aux synonymes absolus les variantes de la même unité terminologique (variantes orthographiques, formes abrégées, formes étoffées), même si leur interchangeabilité n'est pas toujours possible.

12.2.2 QUASI-SYNONYMES

Comme nous l'avons dit plus haut, les quasi-synonymes occupent une même aire sémantique, c'est-à-dire qu'ils se réfèrent à un même signifié ou qu'ils partagent les mêmes traits sémantiques. Prenons, dans le domaine du mobilier, les termes *fauteuil à bascule, rocking-chair, fauteuil berçant.* Chacun de ces trois termes recouvre la même notion, c'est-à-dire celle de « siège à bras et à dossier, monté sur des patins arqués, qui permettent un balancement de l'avant à l'arrière ». Mais ces trois termes ne sont pas interchangeables pour autant. Leur identité sémantique se double de disparités d'usage : *fauteuil à bascule* est un terme neutre d'usage général dans l'industrie du meuble; l'emprunt *rocking-chair,* surtout utilisé en France, renvoie à un style particulier de fauteuil à bascule de l'époque victorienne et *fauteuil berçant* appartient à des usages régionaux. La synonymie apparente de ces trois termes est affaiblie par leurs conditions d'utilisation dans le discours.

12.2.3 FAUX SYNONYMES

Les faux synonymes recouvrent des termes simplement apparentés du fait de leur appartenance à un même champ sémantique, c'est-à-dire qu'ils partagent un certain nombre de traits sémantiques communs tout en ayant des traits qui leur sont propres. Ainsi les termes *siège, chaise, fauteuil, banc, canapé, causeuse, tabouret* partagent le même champ sémantique défini par les traits suivants : « meubles faits pour qu'on puisse s'y asseoir ». Mais ils ont chacun des traits spécifiants qui permettent de les distinguer. Dans la pratique, leurs similitudes les font parfois se confondre. La démarche terminologique n'accepte pas cette confusion et cherche toujours à rétablir la vérité des traits propres à chaque notion.

12.3 TRAITEMENT

12.3.1 SYNONYMES ABSOLUS

Lorsqu'on est en présence de termes interchangeables, il suffit de faire la preuve de cette interchangeabilité en établissant l'identité notionnelle et l'absence de disparité d'usage. Les synonymes absolus sont une ressource stylistique qui ne peut être ignorée, même en langue de spécialité. Toutefois abondance de biens nuit. Une pléthore de synonymes absolus nuit à l'efficacité de la communication.

12.3.2 QUASI-SYNONYMES

L'identification des quasi-synonymes repose d'une part sur l'identité de leur aire notionnelle et de l'autre sur leurs disparités d'usage. Ces disparités sont liées à des caractéristiques d'utilisation en discours, que signalent généralement les marques d'usage.

a) **Marques sociolinguistiques.** Cette catégorie de marques se réfère aux niveaux de langue du discours. Ainsi *coryza* et *rhume de cerveau* désignent bien la même notion, mais n'appartiennent pas au même niveau; le second étant de niveau courant, le premier de niveau technico-scientifique. Il en est de même pour *zoom* et *objectif à focale variable* : le premier appartient au jargon des techniciens, le second au niveau technico-scientifique. On assimile, en terminologie, l'usage commercial d'un terme à un niveau de langue. Ainsi *bic* et *stylo-bille* n'appartiennent pas au même niveau, le premier étant une marque déposée dont l'usage est théoriquement réservé à son propriétaire, le second étant le terme générique courant.

b) **Marques géographiques.** Selon les régions où une langue est parlée, des usages parallèles peuvent s'introduire. Ainsi en télécommunications, le dispositif de réception d'un signal radioélectrique s'appelle en Angleterre *aerial* et aux États-Unis *antenna*. En comptabilité, le spécialiste qui atteste la validité des états financiers d'une entreprise s'appelle en France *auditeur* et au Canada *vérificateur*.

c) **Marques temporelles.** Les marques géographiques se réfèrent à des variations dans l'espace, les marques temporelles identifient des états de langue dans le temps. Les mots naissent, vivent, s'usent et meurent. Au cours de leur vie, ils connaissent bien des avatars, parfois étranges. La mode souvent s'en mêle et influe sur l'usage. À sa naissance, un mot est considéré comme un néologisme (NÉOL); lorsque l'usage commence à s'en désintéresser, on le considère comme vieilli (VX) et lorsqu'il est à peu près définitivement sorti de l'usage, on dit qu'il est archaïque (OBS). Ainsi, *malle* est vieilli par rapport à *courrier*. *Vélocipède* est archaïque par rapport à *bicyclette*. Un terme qui désigne une réalité qui n'existe plus n'est pas étiqueté comme vieilli ou archaïque. Ainsi *ophicléide* n'est pas un terme vieilli, mais l'appellation d'un instrument qui n'est plus guère utilisé.

d) **Marques professionnelles.** Des spécialistes de différentes disciplines peuvent se trouver engagés dans un même domaine, connexe à leur spécialité propre. Autour d'un même puits de pétrole, le géologue, l'ingénieur et le chimiste peuvent confronter leur terminologie respective. Par exemple, une firme productrice de produits chimiques étiquettera *acide muriatique* l'acide chlorhydrique destiné aux métiers de la construction, cette ancienne appellation étant restée courante dans ce domaine.

e) **Marques de concurrence.** Les fabricants d'un produit ont souvent le désir de se démarquer de leurs concurrents par l'emploi d'une terminologie qui leur est spécifique. Il en résulte souvent une pléthore de synonymes pour désigner parfois des objets très simples. Ainsi Jean-Claude Corbeil a, autrefois, relevé 14 synonymes pour désigner l'endroit où l'on dépose les œufs dans un réfrigérateur, dont *casier, compartiment, bac, panier, plateau, alvéoles, balconnet, moule, tablette, galerie, niche*, etc., selon les fabricants.

f) **Marques de fréquence.** Des termes ayant la même signification peuvent ne pas avoir la même fréquence d'usage. Le terme *disque audionumérique* est rare comparativement à son concurrent *disque compact*; *scénarimage* est beaucoup moins employé que l'emprunt *story-board*.

Ces diverses marques ne sont pas exclusives; elles peuvent se combiner. Un terme peut être à la fois vieilli et régional, comme *malle*, vieilli et professionnel comme *acide muriatique*.

12.3.3 Faux synonymes

La différenciation des faux synonymes se fait en deux étapes. La première consiste à délimiter le champ sémantique des termes en présence par l'identification des traits notionnels qu'ils partagent; la seconde consiste à reconnaître pour chacun les traits spécifiants qui le distinguent de ses congénères. Ainsi, en présence d'une famille comme *chaise*, *fauteuil* et *tabouret*, on définira le champ sémantique par les traits « siège monoplace » avec les spécifiants suivants : *chaise* (dossier sans bras), *fauteuil* (dossier et bras) et *tabouret* (sans dossier ni bras).

12.4 Études synonymiques

En général, sur la fiche terminologique, les synonymes ne sont pas distingués, à moins que la source citée ne donne elle-même des indications de différenciation. Par exemple, le contexte synonymique suivant donne deux marques d'usage : « Le peigne, encore appelé ros dans certaines régions, sert à rabattre la duite contre le tissu déjà constitué. » *Encore* marque la désuétude et *régions* l'usage géographique. Le cas échéant, il serait souhaitable d'indiquer ces marques dans le champ réservé à cet effet sur la fiche terminologique, vis-à-vis du terme concerné.

Dans les autres cas, la différenciation des synonymes exige une étude spéciale pour préciser rigoureusement la portée de chaque terme. Nous proposons une démarche pour effectuer ces études synonymiques.

12.4.1 Définir le type de synonymes

Nous avons vu qu'il existe trois types de synonymes. Il s'agit d'abord de déterminer à quel type appartient la série étudiée. Il peut arriver qu'une série synonymique ait des termes qui appartiennent à deux ou trois types. Il s'agit alors d'en faire état.

12.4.2 Procéder au traitement approprié

Si la série à étudier contient des synonymes absolus, il faut faire la preuve de leur identité notionnelle, avec sources à l'appui, de même que le constat d'absence de particularités d'usage. Si l'on étudie les synonymes *terme* et *unité terminologique*, il faudra, pour attester leur parfaite synonymie, citer des contextes qui confirment leur identité notionnelle et leur interchangeabilité, tirés de préférence de plus d'une source.

Si la série à étudier est composée de quasi-synonymes, il faut, dans un premier temps, attester l'identité notionnelle de tous les termes de la série. Par exemple, pour la série *saule discolore, chaton* et *petit minou,* des sources doivent attester que ces trois termes désignent bien la même notion. Dans un deuxième temps, il faut faire état des particularités d'usage de chacun de ces trois termes, avec sources à l'appui. Il restera à présenter les conclusions de l'étude au moyen d'un tableau qui met en évidence les particularités de chaque terme.

Si la série est formée de faux synonymes, il faut attester l'appartenance de chaque terme au même champ sémantique en définissant ce champ par les traits sémantiques communs aux termes de la série. Prenons la série *affiche, panneau, enseigne.* Après avoir dégagé une notion claire pour chaque terme, à l'aide des sources citées, il faudra délimiter le champ sémantique par les traits communs retrouvés dans chaque notion.

AFFICHE : Document imprimé, le plus souvent illustré, installé par collage, pour annoncer un événement, un produit ou faire valoir une idée. (Sources)

PANNEAU : Support de bois, de métal ou d'un autre matériau, sur lequel on inscrit des renseignements qui ont une certaine permanence. (Sources)

ENSEIGNE : Support de bois, de métal ou d'un autre matériau, qui indique au moyen d'un symbole, d'une marque ou d'une raison sociale l'emplacement d'un établissement commercial. (Sources)

Le champ sémantique sera délimité par les traits suivants : moyen de communiquer au public (annoncer, inscrire des renseignements, indiquer un emplacement) graphiquement (illustré, imprimé, inscription sur support) un message (événement, produit, idée, renseignements, emplacement commercial).

Il restera alors à préciser pour chaque terme le ou les traits sémantiques distinctifs; l'affiche est publicitaire (annonce), le panneau est utilitaire (renseignements permanents) et l'enseigne est commerciale (désignation d'un lieu de commerce).

La conclusion pourra se faire ici sous forme de résumé schématique.

12.5 EXEMPLES D'ÉTUDES DE QUASI-SYNONYMES ET DE FAUX SYNONYMES

Les exemples qui suivent constituent des échantillons d'études synonymiques. Chacune forme un tout. Les renvois sont placés à la fin de chaque étude.

12.5.1 SÉRIE *SALIX DISCOLOR*, *SAULE DISCOLORE*, *CHATON*, *PETIT MINOU*

Introduction

Ces quatre termes désignent un arbuste qui croît dans les endroits marécageux et qui produit au printemps en guise de fleur un chaton pelucheux[6]. Nous sommes donc en présence de quasi-synonymes puisque, de toute évidence, ces termes ne sont pas interchangeables.

Étude et comparaison des termes

Le terme *salix discolor* est un terme de la nomenclature internationale, codifiée selon les règles internationales de la nomenclature botanique (Vienne, 1905)[7]. C'est l'expression utilisée par les scientifiques pour désigner l'arbuste en question.

Le terme *saule discolore* apparaît comme une francisation du terme de la nomenclature scientifique. Le botaniste Marie-Victorin le donne comme synonyme courant du terme scientifique[8].

Le troisième terme, *chaton*, est d'emploi général pour désigner la fleur de certains arbres ou arbustes. D'ailleurs, rares sont les Québécois qui, dans leur enfance, ne sont pas allés cueillir des **chatons** ou des **petits minous.** Toutefois son extension à l'arbuste lui-même apparaît comme régionale[9]. Le même transfert métonymique semble s'être produit pour le quatrième terme, *petit minou*. Les seules traces qu'on trouve de ce glissement se trouvent

---

6. Robert DUBUC, « Recherche sur la notion de *pussy willow* », document inédit, 1978.
7. Voir frère MARIE-VICTORIN, *Flore laurentienne*, 20ᵉ édition, Montréal, Presses de l'Université de Montréal, 1964, p 4.
8. *Ibid*, p. 168.
9. Gaston DULONG et Gaston BERGERON, *Le Parler populaire du Québec et de ses régions voisines*, Québec, Éditeur officiel, 1980, vol. 6, p. 2442 , question 1609.

dans un glossaire québécois[10]. Si l'on compare maintenant ces deux dernières appellations entre elles, *chaton* apparaît d'un usage plus soigné, *petit minou* semble appartenir davantage au vocabulaire enfantin[11].

Conclusion : résumé schématique

Notion étudiée : arbuste qui croit dans des endroits marécageux et qui produit au printemps, en guise de fleur, un chaton pelucheux.

SALIX DISCOLORE : Terme technico-scientifique.
SAULE DISCOLORE : Terme courant.
CHATON : Transfert métonymique, terme familier et régional.
PETIT MINOU : Transfert métonymique, terme enfantin et régional.

12.5.2 SÉRIE *AFFICHE, PANNEAU, ENSEIGNE*

Introduction

Une vérification rapide du sens de ces trois termes dans les dictionnaires généraux laisse bien voir que nous ne sommes pas en présence de notions coïncidentes. Il faut donc conclure à la présence de faux synonymes. Termes voisins, certes, mais qu'il importe de distinguer, notamment en publicité.

Étude et comparaison de chaque terme

Le terme *affiche* désigne un document imprimé[12], le plus souvent illustré (en publicité), fixé par collage[13], qui a pour objet de faire connaître au public un événement ou un produit, ou encore de promouvoir une idée[14].

Quant à *panneau*, il désigne strictement un support de bois, de métal ou d'un autre matériau[15, 16], sur lequel sont inscrits des renseignements qui ont une certaine permanence : signalisation routière, tracé des pistes de ski, etc.[16]

---

10. *Ibid.*
11. Robert DUBUC, *op. cit.*
12. Robert DUBUC, *Vocabulaire bilingue de la publicité*, Longueuil, Linguatech, 1991, p. 159.
13. Paul ROBERT, Le Petit Robert, *Dictionnaire alphabétique et analogique de la langue française*, Paris, Le Robert, 1983.
14. C. VIELFAURE et C. DAYAN, *La Publicité de A à Z*, Paris, CEPL, coll. « Les Encyclopédies du savoir », 1975, p. 20.
15. *Le Petit Larousse illustré*, Paris, Larousse, 1981.
16. Maurice DAVAU et collab., *Dictionnaire du français vivant*, Paris, Bordas, 1972.

Le dernier terme, *enseigne*, désigne lui aussi un support de bois, de métal ou d'un autre matériau, donc une sorte de panneau[17], qui indique au moyen d'un symbole, d'une marque ou d'une raison sociale[18], l'emplacement d'un établissement commercial.

À l'aide de ces trois notions, il est possible de dégager les traits communs aux trois termes : moyen de communiquer au public (faire connaître ou promouvoir, inscrire des renseignements, indiquer un emplacement) graphiquement (illustré, imprimé, inscription sur support) un message (événement, produit, idée, renseignements, emplacement commercial). À ces traits communs s'ajoute un caractère particulier lié à l'utilisation qu'on en fait. L'affiche est publicitaire (faire connaître et promouvoir), le panneau est utilitaire (donne des renseignements de nature permanente), l'enseigne est commerciale (indique l'emplacement d'un établissement commercial).

Conclusion : résumé schématique

Traits communs :

moyen de communiquer
au public
un message écrit ou visuel

Traits spécifiques :

AFFICHE : document imprimé, illustré et publicitaire.
PANNEAU : support bois, métal, renseignements utilitaires.
ENSEIGNE : support bois, métal, indication d'un commerce.

---

17. Robert DUBUC, *op. cit.*
18. C. VIELFAURE et C. DAYAN, *op. cit.*, p. 124.

SUGGESTIONS DE TRAVAUX PRATIQUES

1. Dans le domaine du textile, faire une étude synonymique sur *warp, ends* et *filling, picks, weft.*

2. En radiotélévision, faire une étude synonymique sur *programme* et *émission.*

CHAPITRE XIII

Néologismes

13.1 INTRODUCTION

Dans les rapports qui unissent le terme à sa notion, trois situations de base peuvent se présenter : l'univocité, la polysémie et la synonymie. Le présent chapitre vise une situation d'exception : celle où la notion est dépourvue d'une appellation jugée satisfaisante. C'est pour remédier à cette carence qu'il faut créer des termes nouveaux, des néologismes.

13.2 NOTION DE NÉOLOGISME

Le néologisme est une innovation apportée aux habitudes lexicales d'une langue. Cette innovation peut résulter soit d'une association purement arbitraire de sons ou de lettres tels que *kodak*, soit d'une mobilisation d'éléments morphologiques ou syntaxiques existants, soit d'une mutation du sens de mots déjà en place, soit enfin de l'introduction d'éléments appartenant à d'autres systèmes linguistiques.

On peut considérer qu'il y a néologisme tant que, pour l'ensemble des usagers concernés par l'utilisation du mot, l'effet d'insolite produit par l'innovation lexicale n'a pas disparu.

13.3 Caractéristiques de la néologie contemporaine en français

13.3.1 Conservatisme

Pendant longtemps, l'innovation lexicale en français a été frappée d'une sorte d'interdit. Le néologisme était considéré comme une faute de langage. Cette attitude a disparu, mais il en reste encore des traces qui expliquent la faveur dont jouissent les créations à motivation explicite et même surcaractérisées où l'on multiplie les déterminants, par exemple : *tablier à déplacement latéral pour chariot élévateur.*

13.3.2 Synonymisme

La synonymie est souvent présente en néologie. Les propositions néologiques sont souvent multiples et concurrentes. Avant que *logiciel* s'impose comme équivalent de *software,* une bonne vingtaine de propositions concurrentes ont cherché à s'imposer. Cette situation est parfois embarrassante et peut gêner l'implantation souhaitable d'un seul terme ou encore favoriser un recours abusif à l'emprunt.

13.3.3 Fonctionnalisme

L'instinct linguistique des usagers du français est aussi à l'œuvre en néologie. Ainsi pour contrer les difficultés de maniement en discours des termes surcaractérisés, on recourra à divers procédés d'abrègement : troncation (*inox* pour *inoxydable*), siglaison (*PLV* pour *publicité sur le lieu de vente*) et acronymisation (*sida* pour *syndrome d'immuno-déficience acquise*). On tentera aussi de systématiser, souvent maladroitement, le processus néologique. On donnera par exemple de nouveaux sens aux affixes : *télé-* (sens premier : « à distance ») s'emploie au sens de « relatif à la télévision » dans des formations comme *téléjournal, téléroman;* *auto-* (« soi-même ») glisse au sens de « automatique » dans *autocuiseur,* puis d'« automobile » dans *autoroute*. Des racines grecques ou latines deviennent de véritables suffixes : *-stat* dans thermostat (du grec *stan,* « fixer ») acquiert le sens d'« agent stabilisateur » : *pressostat, humidistat,* etc.

Quoi qu'il en soit, la néologie est une manifestation de la vitalité d'une langue tant dans son foisonnement et son anarchie que dans ses efforts de systématisation.

13.4 Typologie

On pourrait ramener à quatre types les créations de la néologie en se fondant sur les besoins qui les suscitent.

13.4.1 Néologie stylistique

La néologie stylistique vise à pallier l'usure des mots ou à produire un effet particulier par l'utilisation d'un mot nouveau. Il n'est donc pas lié à une réalité nouvelle, mais à un besoin nouveau de dénommer une réalité déjà existante. Ainsi dans la terminologie de la « nouvelle orthodoxie », il ne faut plus parler d'aveugles, mais de malvoyants, ni d'homosexuels, mais de personnes à orientation sexuelle particulière. Pour faire croire qu'on n'administre plus les entreprises aujourd'hui comme autrefois, on parlera de management au lieu de gestion. Les professionnels s'adonnant à une activité jugée, à tort ou à raison, peu reluisante cherchent à se valoriser en se donnant une nouvelle appellation : les entrepreneurs de pompes funèbres veulent se faire appeler thanatologues et les concierges, des salubristes!

13.4.2 Néologie technologique

Le besoin d'une nouvelle appellation peut provenir de la présence d'une réalité nouvelle à dénommer : une nouvelle machine est mise sur le marché, une maladie nouvelle vient d'être identifiée, un procédé de fabrication inédit vient d'être mis au point : il faut des termes pour les désigner. On parle alors de néologie technologique.

13.4.3 Néologie sociale

L'évolution des mœurs et des structures sociales peut être à l'origine de mots nouveaux. Ainsi l'arrivée massive des femmes sur le marché du travail et leur accès à des professions jusqu'ici réservées aux hommes a créé un besoin de féminisation des titres et des fonctions. On connaît aujourd'hui des policières, des écrivaines, des directrices d'entreprise, etc. L'avènement du syndicalisme au début du xxe siècle a, en son temps, engendré une grande quantité de mots nouveaux : convention collective, arbitrage, grève perlée, sur le tas, tournante, etc. On nomme néologie sociale la création de mots liée aux transformations de la société.

13.4.4 Néologie fonctionnelle

On crée enfin des mots nouveaux pour s'exprimer plus efficacement, C'est ce qu'on appelle la néologie fonctionnelle. Les termes trop longs sont abrégés : *acier inoxydable* devient *inox, publicité sur le lieu de vente, PLV.* La périphrase sera remplacée par un mot unique : *anti-feu* se substitue à *à l'épreuve du feu; thermostaté* tend à remplacer *commandé par thermostat.* Les termes inexpressifs ou trop abstraits peuvent être délogés par des expressions pittoresques, qui font image : les voies d'accès ou de sortie reliées aux autoroutes deviennent des *bretelles,* l'appareil à soulever les malades s'appelle une *cigogne.* La néologie fonctionnelle s'exerce beaucoup par analogie. Elle n'hésite pas à prendre son bien où elle le trouve. Elle recourt volontiers à l'emprunt interdisciplinaire : les évaluateurs d'entreprise empruntent le terme *diagnostic* à la médecine, et la gestion puise dans le vocabulaire militaire des termes comme *cadre* et *logistique.*

13.5 Modes de formation de néologismes selon la morphologie française

Nous n'étudions ici que les modèles morphologiques du français. Chaque langue a évidemment son système. Pour les langues latines, les systèmes morphologiques se ressemblent, mais chacune a quand même ses particularités. Les terminologues qui travaillent dans des langues autres que le français se doivent d'étudier le système morphologique de leurs langues de travail. La présente étude pourra leur servir de guide.

En français, il existe deux grands types de formation de néologismes. La formation indirecte, où l'on donne à une unité lexicale existante un sens nouveau, et la formation directe, où l'on crée une nouvelle entité lexicale, soit de toutes pièces, soit par regroupement d'éléments existants.

13.5.1 La formation indirecte

Il y a trois procédés généraux de formation indirecte : l'extension sémantique, les changements grammaticaux et l'emprunt.

13.5.1.1 L'extension sémantique

Ce procédé suppose l'étirement du sens d'un terme pour lui faire recouvrir une réalité voisine. Il existe donc toujours une parenté entre le sens original et le sens nouveau. Cette parenté s'établit soit par le glissement d'une relation logique, soit par analogie, soit par assimilation.

Glissement de la relation logique

Ce procédé suppose une mutation de sens par déplacement du point de vue d'où l'on envisage le rapport d'un terme à sa notion. On compte six principaux types de glissement.

a) **Du concret à l'abstrait ou de l'abstrait au concret.** Le mot *tribune* désigne au sens concret un lieu physique où l'on exprime des idées; par un glissement vers l'abstrait, il s'applique maintenant à un genre d'émission de radio ou de télévision où le public peut exprimer ses vues par téléphone (*open line broadcast*). La notion abstraite d'actualité a donné naissance par concrétisation à un sens nouveau : nouvelle.

b) **De la matière à l'objet.** Dans ce glissement, la matière dont est fait un objet donne son nom à cet objet. Un *diamant* désigne un foret à diamant; une *acétate*, une pellicule en acétate.

c) **Du signe au signifié.** La représentation symbolique d'un objet ou d'un phénomène en vient à désigner le phénomène ou l'objet. Ainsi, en statistique, la *courbe* désigne d'abord la représentation graphique d'une distribution de population. Le mot en est venu à désigner la distribution elle-même.

d) **De la partie au tout.** Dans ce glissement, c'est une partie d'un objet qui donne son nom à tout l'objet. Ainsi le terme *tourne-disque* qui, à l'origine, désignait le dispositif qui comprend la platine, le moteur et les mécanismes d'entraînement, en est venu à désigner tout l'appareil qui permet de faire jouer des disques.

e) **De la cause à l'effet.** Les glissements de l'action au résultat de l'action appartiennent à ce type. Le lavage, c'est l'action de nettoyer le minerai, mais c'est aussi une quantité de minerai nettoyé.

f) **Du contenant au contenu.** Il arrive souvent que par métonymie le contenant d'un objet donne son nom à cet objet. Dans la langue courante, quand on dit « boire un verre », c'est la boisson que le verre contient que l'on boit. Il en est de même dans la langue technique, lorsqu'on répare une baie d'équipement, ce n'est pas la baie qu'on répare, mais les pièces qu'elle contient.

Tous ces glissements offrent donc de nombreuses possibilités de création néologique par extension de sens.

Analogie

On donne souvent à un mot une acception nouvelle parce que son premier référent rappelle par sa forme ou sa fonction une autre réalité. C'est le procédé d'extension par analogie.

a) **Analogie de forme** : les noms d'animaux servent souvent à désigner des objets qui rappellent la figure d'un animal : *cigogne* (*patient lifter*), *grue* (*crane*), *girafe* (*giraffe*) sont des appellations d'appareil par analogie de forme.

b) **Analogie de fonction** : la comparaison ne s'établit plus sur l'aspect, mais sur l'usage de l'objet. Le diagnostic en évaluation d'entreprise sert à évaluer l'état de santé d'une entreprise. Cette fonction rappelle le diagnostic du médecin qui, par l'examen du malade, cherche à déterminer la nature de la maladie dont ce dernier souffre.

Assimilation

L'assimilation, c'est le transfert de l'appellation d'un objet à une nouvelle forme de cet objet. Le contenu sémantique se trouve modifié, mais l'appellation restera la même. Le mot *ferret* a d'abord désigné le bout métallique qui termine un lacet, d'où la motivation étymologique *fer* (*ferret*). Or, on a substitué le plastique au fer. L'appellation perd sa motivation étymologique, mais continue de s'appliquer au nouvel objet. Le terme a assimilé la notion nouvelle.

13.5.1.2 Les changements grammaticaux

Les mécanismes grammaticaux peuvent permettre de créer des néologismes.

a) **Changements de catégorie**

Nom qui devient adjectif. Le nom *informatique* (discipline) devient adjectif avec le sens de relatif à la discipline : services informatiques.

Adjectif qui devient nom. L'adjectif *terminal* (« qui termine quelque chose ») signifie en devenant nom : organe de communication avec un ordinateur central.

Verbe qui devient nom. *Lancer* (verbe) : projeter loin de soi; *lancer* (nom) : au hockey, projection du palet ou rondelle à l'aide de la crosse ou bâton de hockey.

Participe passé qui devient nom. *Combiné*, participe passé du verbe *combiner*, désigne en devenant nom l'émetteur-récepteur d'un poste téléphonique.

Participe présent qui devient nom. *Intervenant*, participe présent du verbe *intervenir*, désigne dans sa forme nominale toute personne qui intervient dans une affaire.

b) **Changements de genre.** Le terme *dépanneur* (masculin) désigne un mécanicien; *dépanneuse* (féminin), un véhicule de dépannage; *calculateur* (masculin), un appareil puissant qui fait des calculs; *calculatrice* (féminin), un petit appareil à calculer.

c) **Changements de nombre.** Un terme, en prenant la forme plurielle, se concrétise souvent. Ainsi en comptabilité, l'*actif* désigne l'ensemble des éléments du patrimoine d'une personne physique ou morale. Les *actifs* désignent ces éléments eux-mêmes.

d) **Changements de statut.** Un nom propre peut devenir un nom commun, par exemple lorsque le nom de l'inventeur est donné à l'objet qu'il met au point ou lorsqu'on donne à une unité de mesure le nom du savant qui l'a définie. Des mots comme *poubelle, condom, watt* étaient à l'origine des noms propres qui sont devenus communs.

13.5.1.3 Les emprunts

L'emprunt est un phénomène par lequel on transfère une unité lexicale d'un système ou d'un sous-système linguistique à un autre. On distingue deux types d'emprunts : l'emprunt extérieur fait à un autre système linguistique et l'emprunt intérieur fait à différents sous-systèmes du système linguistique de référence.

Emprunts extérieurs

L'emprunt extérieur est courant dans toutes les langues. Il représente une source importante d'enrichissement des langues vivantes. Il est souvent fonction des rapports socioéconomiques qui s'établissent entre les locuteurs de langues diverses. La grande fréquence des emprunts faits à la langue anglaise par le français à l'heure actuelle s'explique pour une bonne part par la prédominance des États-Unis dans un grand nombre de secteurs d'activité. L'intégration des emprunts dépend du pouvoir d'auto-épuration d'une langue en situation d'autonomie. La fréquence du recours à l'emprunt est d'autant plus périlleuse que la langue emprunteuse se trouve en position de dépendance à l'égard de la langue prêteuse. L'emprunt peut revêtir diverses formes.

a) **Emprunt intégral.** Il y a emprunt intégral lorsque le terme est transplanté sans modification formelle dans le système linguistique emprunteur pour désigner une réalité qui fait partie de l'univers des locuteurs de cette langue. *Starter, goodwill, mailing* sont des emprunts intégraux même si leur sens a pu se modifier dans le transfert. En effet, en français *starter* ne désigne pas un démarreur, mais un dispositif enrichisseur du débit d'essence pour faciliter le démarrage; *mailing* désigne le procédé publicitaire qu'on appelle en anglais *direct mail advertising*.

b) **Xénisme.** Il ne faut pas confondre emprunt intégral et xénisme. Le xénisme désigne un emprunt intégral, mais qui se rapporte à une réalité étrangère à l'univers des locuteurs de la langue emprunteuse. Les termes *bortsch* (soupe russe), *perestroïka, tequila* sont des xénismes.

c) **Calque.** On appelle calque la transposition littérale dans la langue emprunteuse de la forme linguistique étrangère. Ainsi *chien chaud* (*hot dog*), *flux monétaire* (*cash flow*), *disque compact* (*compact disk*) sont des emprunts par calque.

d) **Emprunt naturalisé.** Il s'agit de donner à une forme linguistique étrangère une allure plus conforme à la morphologie de la langue emprunteuse. Par exemple, du terme anglais *container,* on fait *conteneur;* on transforme *processor* en *processeur* et *master* en *mastère*.

e) **Faux emprunt.** Le faux emprunt est un mot formé de toutes pièces à l'aide d'éléments morphologiques de la langue prêteuse, mais qui n'existe pas tel quel dans cette langue. Ainsi, le terme *badwill,* antonyme de *goodwill*. En anglais, cette notion est désignée par le terme *negative goodwill*.

Emprunts intérieurs

On désigne sous cette étiquette le transfert de terme d'une langue de spécialité à une autre à l'intérieur d'un même système linguistique. Ainsi la langue de la gestion emprunte au vocabulaire militaire *logistique, cadre*; l'audiovisuel emprunte *platine* à l'horlogerie. Ces transferts n'ont qu'une valeur analogique. Les termes empruntés changent de contenu sémantique dans le transfert, d'où les protestations des spécialistes qui s'insurgent contre ce détournement de mots. Il faut se rappeler qu'un terme n'existe qu'en référence au domaine qui l'emploie. Ces emprunts interdisciplinaires n'ont rien de nocif à condition qu'on en précise bien la notion par rapport au domaine d'utilisation.

13.5.2 La formation directe

Dans la formation directe, il y création d'une nouvelle entité lexicale, simple ou complexe. Deux procédés le permettent : la dérivation et la composition.

13.5.2.1 La dérivation

On appelle dérivation la création d'une forme lexicale par l'ajout d'un suffixe à un radical ou par la suppression d'un élément terminal d'un mot.

a) On distingue ainsi **la dérivation propre ou normale** où, à un radical connu comme *pupitre*, on ajoute un suffixe porteur d'un trait sémantique comme *-eur* (« agent ») pour former *pupitreur*, « technicien préposé à la surveillance du pupitre d'un ordinateur central ». Pour tirer un bon parti de la dérivation, il faut connaître le sens des principaux suffixes utilisés en français. À cette fin, on se reportera aux chapitres de la morphologie des grammaires citées dans la bibliographie.

Les suffixes ont souvent un contenu sémantique imprécis ou polysémique. Un suffixe comme *-age* peut désigner une collection d'objets comme dans *listage*, une action, comme dans *lavage* ou le résultat d'une action, comme dans *portage*. Il pourrait y avoir certains avantages à éliminer cette polysémie en donnant une valeur unique à chaque suffixe utilisé dans une langue de spécialité. Mais il serait difficile d'y parvenir sans faire violence aux habitudes déjà existantes. Déjà en respectant ces habitudes et en n'ajoutant pas à la polysémie régnante, comme on l'a fait hélas! pour *-éen* dans *sidéen*, on peut favoriser une utilisation plus rationnelle des suffixes. Voici donc une liste sommaire des principaux suffixes utilisés en terminologie avec leurs sens usuels.

-eur et *-ateur* désignent un agent humain ou mécanique.
Exemples : *évalualeur, ordinateur, bouteur, assureur.*

-age désigne une collection, une action ou le résultat d'une action.
Exemples : *couponnage, affichage, débauchage.*

-erie désigne une action, un lieu, une activité industrielle ou commerciale.
Exemples : *braderie, billetterie, bijouterie.*

-ier et *-er* désignent un métier.
Exemples : *soutier, boucher.*

-able et *-ible* marquent la virtualité.
Exemples : *jetable, consomptible.*

-isme identifie une doctrine, une idéologie.
Exemple : *consumérisme.*

-ique caractérise une science ou une technique.
Exemples : *astronautique, diététique.*

-tion et *-ation* marquent des actions abstraites.
Exemples : *promotion, automatisation.*

-icien désigne une profession.
Exemples : *statisticien, informaticien, diététicien.*

-logue et *-logiste* marquent une spécialité.
Exemples : *terminologue, biologiste.*

-iste peut aussi marquer la profession ou la spécialité.
Exemples : *laconiste, styliste, pompiste.*

-at et *-ariat* marquent la fonction ou la profession.
Exemples : *assistanat, monitorat, actuariat, fonctionnariat.*

Parfois, les suffixes eux-mêmes peuvent être néologiques. Sous l'influence du mot *informatique*, le suffixe *-tique* est né pour désigner une discipline ou une activité qui met l'informatique à contribution.

Exemples : *bureautique, créatique, productique, terminotique, traductique.*

b) **La dérivation régressive, ou impropre,** est une dérivation à rebours. La création d'un nouveau terme s'effectue par troncation de l'élément terminal d'un mot. Ainsi à partir du verbe *conserver,* on a formé en retranchant le *r* de l'infinitif, le substantif *conserve.* De l'adjectif *inoxydable,* on a tiré le substantif *inox* en éliminant le reste du mot.

13.5.2.2 La composition

On appelle composition la création de nouvelles entités lexicales à partir de mots ou d'éléments préexistants. C'est le procédé le plus employé dans les langues de spécialité pour former des mots nouveaux; ce procédé contribue à plus de 80 % des créations.

La composition par préfixes

Il y a deux sortes de préfixes. Les préfixes autonomes, qui existent indépendamment du composé où ils figurent, et les préfixes non autonomes, qui n'existent que comme éléments de formation de mots.

a) Parmi **les préfixes autonomes** se rangent les prépositions et les adverbes, employés comme formants. Dans ce rôle, ils conservent leur sens usuel ou acquièrent une nouvelle charge, comme *sur,* qui oublie son sens prépositionnel pour devenir un intensificatif. Donnons quelques exemples. *Avant* : *avant inventaire* (loc. adj.); *après* : *après-Noël* (n.) [boxing day]; *hors* : *hors-médias* (adj.); *non* : *non-durables* (n.); *sous* : *sous-chef; sur* : *survaleur* (*goodwill*).

b) **Les préfixes non autonomes** comprennent en général les formants d'origine latine ou grecque, utilisés pour modifier le sens du mot souche. Ils sont nombreux. Le terminologue a avantage à les connaître ainsi que la charge sémantique dont ils sont porteurs. En voici une liste sommaire :

Préfixes à valeur négative : *dé-, des-; mé-, mes-; anti-.*
Exemples : *désembueur, mésentente, antivol.*

Préfixes à valeur intensificative : *archi-; super-.*
Exemples : *archi-usé; supervente.*

Préfixes marquant l'antériorité : *pré-*; *anté-*.
Exemples : *prévente, présondage, antécambrien.*

Préfixe marquant la postériorité : *post-.*
Exemple : *postsynchronisation.*

Préfixes marquant l'itération : *re-, ré-* ou *r-* (le plus souvent devant une voyelle).
Exemples : *reformulation, révision, récriture.*

Préfixe marquant la connexité : *para-.*
Exemples : *parascolaire, parapublicitaire.*

Préfixes marquant la sortie : *ex-* ou *é-*; *exo-.*
Exemples : *émission, expectorant, exocrânien.*

Préfixes marquant la tendance vers : *ad-*, modifié en *ac-, af-, ag-, al-, an-, ap-, ar-, as-* lorsqu'il y a assimilation à la voyelle du radical.
Exemples : *adjacent, affiche, arrestation.*

Préfixes marquant la dépendance, la position inférieure : *sub-*, modifié en *suc-, suf-, sug-, sup-*, selon la consonne initiale du radical; *infra-*; *hypo-*.
Exemples : *subconscient, supplantation, infrarouge, hypoglycémie.*

Certains préfixes, tout comme les suffixes, peuvent être polysémiques. Ainsi *in-* marque tantôt la négation comme dans *insensibiliser,* tantôt la pénétration comme dans *infiltrer.*

Il est parfois difficile de distinguer le préfixe du formant à sens plein provenant des langues anciennes. On considère comme préfixe l'élément ancien qui, dans la langue prêteuse, jouait un rôle d'adverbe ou de préposition. Dans les autres cas, on les considère comme mots-racines.

Composition par mots à sens plein

Dans ce procédé, on ne se sert plus de mots outils pour former une nouvelle entité lexicale, mais bien de mots ou d'éléments de mots déjà existant avec un sens précis. Bien des types de combinaisons sont possibles. Nous allons tâcher de relever les principaux.

a) **Composition par coordination.** Dans ce mode de composition, on prend deux mots de même nature qu'on accole en les juxtaposant avec ou sans trait d'union. Ces mots doivent être placés sur le même plan, si bien qu'il serait possible d'intercaler un signe d'addition entre les deux.

Exemples : *voiture-bar* (« voiture de chemin de fer qui est aussi un bar »), *immeuble-tour* (« immeuble d'habitation en hauteur qui forme aussi une tour »), *jaune-vert* (« couleur qui tient également du jaune et du vert »).

b) **Composition par subordination.** Dans ce mode de composition, les formants ne jouent plus sur le même plan, mais l'un sous la dépendance de l'autre.

Combinaison substantif et adjectif.
Exemple : *directeur général.*

Combinaison adjectif et substantif.
Exemple : *libre service.*

Combinaison verbe et complément d'objet.
Exemples : *lave-linge, tourne-disque.*

Combinaison verbe et adverbe.
Exemples : *couche-tard, lève-tôt.*

Combinaison nom et complément déterminatif avec charnière.
Exemples : *directeur de la création, fondu au noir, piqûre à plat, publicité sur le lieu de vente.*

Combinaison nom et complément déterminatif avec ellipse de la charnière.
Exemples : *pause café* (pause pour le café), *affichage bancs publics* (affichage sur les bancs publics).

Le moins qu'on puisse dire, c'est que l'emploi du trait d'union dans ces formations est arbitraire. Le projet avorté de rectifications de l'orthographe avait opté plutôt pour la suppression du trait d'union que pour son maintien. Il est incontestable toutefois que la présence du trait d'union souligne bien la lexicalisation d'un terme et, à ce titre, il serait regrettable de s'en priver.

c) **Composition par racines empruntées aux langues anciennes (grecque ou latine).** Ce mode est surtout utilisé dans les langues scientifiques. On combine alors des mots ou parties de mots à sens plein qui existent dans les langues anciennes en respectant les transpositions orthographiques traditionnelles. Encore ici ces combinaisons peuvent prendre diverses formes.

Combinaison de racines grecques.

Exemples : *magnétophone* (du grec *magnes* [« aimant »], *o*, voyelle de liaison, et *phonè* [« voix »], qui désigne un appareil d'enregistrement du son sur bande magnétique); *magnétoscope* (formation analogue avec *scopein* [« voir »]; *tachitoscope* (du grec *takhus* [« vitesse »], *o*, voyelle de liaison, *scopein* [« voir »], qui désigne un appareil servant à l'entraînement à la lecture rapide).

Combinaison de racines latines.

Exemple : *vélocipède* (du latin *velox* [« rapide »] et *pes* [« pied »], qui signifie étymologiquement « appareil qui donne de la vitesse aux pieds »).

Combinaison de racines grecque et latine.

Exemples : *télédistribution* (du grec *télé* [« à distance »] et du latin *distributio,* devenu en français *distribution*); *sonomètre* (du latin *sonus* [« son »] et du grec *metron* [« mesure »], appareil qui mesure le son).

Combinaison d'une racine ancienne (grecque ou latine) avec un élément français.

Exemples : *miniprojecteur* (du latin *minus* [« petit »] et du français *projecteur,* petit appareil de projection); *taxicopieur* (du grec *taxis* [« fixation d'un droit »] et du français *copieur,* machine à copier à péage).

Certains puristes se sont opposés à ces deux derniers types de combinaison en alléguant qu'il s'agissait d'une hybridation qui frôle le barbarisme. Force nous est de reconnaître la fréquence de ces formations en français d'aujourd'hui, mais les inconvénients de leur utilisation apparaissent bien minimes.

d) **Composition par soudure d'éléments français.** Ce mode de formation regroupe divers procédés.

Application du modèle gréco-latin.

Dans ce procédé, on procède avec des formants français, comme s'il s'agissait de racines anciennes. L'ordre syntaxique français n'est donc pas respecté.

Exemples : *autoroute*, formé d'*auto*, abréviation d'*automobile*, et du mot français *route* (« route pour les autos »); *téléroman*, formé de *télé*, abréviation du mot *télévision*, et du mot français *roman* (« roman pour la télévision »).

Contraction des mots-racines.

Pour former un mot par ce procédé, on choisit deux mots français qui, en général, représentent chacun un aspect de la notion, puis on les soude en retranchant une partie de chacun. Le résultat de l'opération est appelé mot-valise, où l'ordre syntaxique des mots est respecté.

Exemples : *informatique* (formé de **inform**ation et auto**matique**; *infopub* (formé de **info**rmation **pub**licitaire).

Siglaison et acronymisation.

Il s'agit de deux procédés voisins. Le premier consiste à créer une entité lexicale à partir de la première lettre de chaque élément important du syntagme d'origine. Exemples : *publicité sur le lieu de vente* donne *PLV*; *président-directeur général* donne *pdg* ou *p.-d.g.* La présence ou l'absence de points abréviatifs semblent tenir à la fréquence d'utilisation. Le second procédé résulte aussi de l'abréviation d'un syntagme. Toutefois, on ne s'en tient pas toujours à la lettre initiale de chaque élément important. On cherche plutôt par l'alternance des consonnes et des voyelles à former une entité prononçable.

Exemples : *syndrome d'immuno-déficience acquise* donne *sida*; *collège d'enseignement général et professionnel* donne *cégep* (on notera l'accentuation du e pour le rendre prononçable); l'avion à décollage et atterrissage courts est appelé *adac*.

e) **Composition par onomatopée.** Ce dernier mode de formation cherche à reproduire graphiquement une caractéristique sonore de l'objet à désigner. Par exemple, on appelle familièrement bip le récepteur de recherche de personne, ou téléavertisseur, à cause du signal sonore qu'émet ce récepteur. Le mot *top* désigne, pour la même raison, le signal horaire de l'observatoire de Paris.

13.6 TRAITEMENT TERMINOLOGIQUE

La création de bons néologismes peut être du ressort de la terminologie. Cependant, dans la démarche *a posteriori*, il faut d'abord inventorier l'usage afin de déterminer s'il y a une carence réelle d'appellation. Ce n'est que si la carence est attestée qu'on se risquera à créer un nouveau terme.

13.6.1 Critères de validité

Pour être viable un néologisme doit répondre à certains critères. L'usage est cependant assez capricieux. L'acceptation d'un néologisme est souvent aléatoire et dépend de facteurs non linguistiques, comme la diffusion par des médias prestigieux. Les critères qui suivent sont de nature à favoriser l'acceptation d'un néologisme, sans toutefois la garantir.

a) **Brièveté.** L'économie est une propriété du langage. Instinctivement, on cherche à dire le plus avec le moins. De ce fait, tout terme bref part avec une longueur d'avance sur ses concurrents.

b) **Maniabilité.** Il ne suffit pas qu'un terme soit bref. Encore faut-il qu'il ne pose pas de difficultés particulières d'intégration dans le discours. Prononciation difficile et orthographe compliquée sont des éléments dissuasifs.

c) **Motivation.** Théoriquement, le terme participe de l'arbitraire du signe linguistique et n'aurait pas à être motivé. Mais les usagers sont réticents à utiliser un terme opaque; ils souhaitent pouvoir avoir une idée de la notion par la forme du terme. Souvent cette exigence entre en contradiction avec le critère de brièveté.

d) **Adéquation.** La relation du terme à sa notion est idéalement monosémique. Il serait de ce fait préférable que le néologisme n'introduise pas de polysémie, du moins à l'intérieur d'un même domaine.

e) **Possibilité de dérivation.** Il est avantageux que le néologisme créé puisse, au besoin, engendrer des dérivés pour désigner des notions connexes. Ainsi le terme *informatique* a pu engendrer *informaticien* (« spécialiste de l'informatique »), *informatisé* (« qui a recours à l'informatique »), *informatisation* (« action de mettre l'informatique à contribution »). On comprend que cette fécondité facilite la désignation des notions connexes à la notion de base.

f) **Acceptabilité.** Pour qu'un néologisme puisse être accepté, il ne faut pas qu'il permette des associations déplaisantes ou péjoratives, car les usagers sont portés à le rejeter d'instinct. Ces associations sont souvent subjectives et difficiles à cerner.

BIBLIOGRAPHIE

GOOSSE, André, *La Néologie française d'aujourd'hui*, Paris, Conseil international de la langue française, 1975, 72 p.

GREVISSE, Maurice, *Le Bon Usage*, 11ᵉ édition, Paris, Duculot, 1980, p. 90-132.

GUILBERT, Louis, *La Créativité lexicale*, Paris, Larousse, 1976, 285 p.

LAURENCE, Jean-Marie, *Grammaire française*, Montréal, Guérin, 1976, p. 177-207.

SUGGESTIONS DE TRAVAUX PRATIQUES

1. Faire l'analyse morphologique des néologismes suivants en précisant les procédés de formation employés.

– dépanneur (*convenience store*)
– savon pour cuir (*saddle soap*)
– interface (point de jonction entre deux systèmes différents)
– trèfle (type d'échangeur, système routier)
– relationniste (professionnel des relations publiques)
– calfeutre (*caulking compound*)
– carte-affinité (*affinity card*, système bancaire)
– chef de l'exploitation (*chief operating officer*)
– éthicien (spécialiste des sciences morales)
– déontologue (spécialiste de l'éthique professionnelle)

2. Faire la critique des néologismes ci-dessus à l'aide des critères énoncés à la section 13.6.1.

CHAPITRE XIV
Le dossier de normalisation

14.1 INTRODUCTION

Avant d'aborder l'objet du présent chapitre, il faut préciser ce qu'est la normalisation. Les terminologies naissent souvent dans le désordre, au hasard des besoins et des créations, selon les milieux et les lieux géographiques ou elles s'implantent. À mesure qu'elles se répandent hors de leur lieu premier d'utilisation, des problèmes peuvent se poser du fait de leurs divergences, même entre usagers de la même langue. Il fut un temps où cette anarchie présentait peu d'inconvénients; la lenteur des progrès techniques permettait au fil du temps une certaine auto-épuration du vocabulaire. Tel n'est plus le cas aujourd'hui. Les risques de confusion s'aggravent de jour en jour avec la prolifération rapide des termes au sein des terminologies scientifiques et techniques en raison de leur développement quasi exponentiel. À cette difficulté majeure, s'ajoutent les contacts linguistiques qui multiplient les problèmes en raison des découpages différents des réalités en présence.

14.2 NOTION DE NORMALISATION EN TERMINOLOGIE

C'est pour remédier à ces problèmes que s'est imposée l'idée d'une intervention ordonnatrice dans les terminologies naturelles. C'est cette intervention qu'on a appelée normalisation. On entend plus précisément par normalisation l'action d'une autorité reconnue en vue de faire accepter des termes dûment sélectionnés selon un corps de doctrine préétabli de façon à assurer à long terme une meilleure communication entre les intéressés.

14.2.1 ACTION

La normalisation est une intervention dans l'évolution naturelle des langues de spécialité. Cette intervention peut avoir une portée coercitive, avec sanctions imposées aux contrevenants, comme peuvent le faire les organismes normalisateurs mandatés par la loi ou l'État. Le plus souvent, elle prend la forme de simples recommandations à l'égard desquelles les usagers gardent toute leur liberté. La normalisation s'opère alors par persuasion, selon des stratégies mises au point par l'organisme normalisateur. Selon le mode d'intervention envisagé, il y a donc deux sortes de normalisation : la normalisation coercitive ou exécutoire, et la normalisation de conseil.

14.2.2 AUTORITÉ RECONNUE

Pour normaliser, il faut détenir un certain mandat. Ce mandat peut être conféré par la loi ou l'État qui juge l'intervention linguistique nécessaire à la protection des intérêts du public. Toute normalisation coercitive ne peut se faire que moyennant un mandat légal, qui confère aussi le pouvoir d'imposer des sanctions aux contrevenants.

Le mandat de normaliser peut aussi dériver d'une délégation de pouvoir de la part des usagers. Ainsi un corps professionnel peut confier à un comité normalisateur le soin d'harmoniser la terminologie au sein de la profession. Une industrie peut faire de même pour mettre de l'ordre dans ses usages terminologiques. La normalisation par délégation de pouvoir est généralement une normalisation de conseil dont l'efficacité repose pour une bonne part sur la bonne volonté des usagers et l'autorité morale de l'organisme normalisateur.

14.2.3 SÉLECTION DE TERMES

L'intervention normalisatrice peut être globale lorsqu'elle vise tous les termes d'une spécialité. De nos jours, l'intervention normalisatrice est plutôt sélective, se centrant sur les problèmes résultant d'une pléthore de synonymes, d'une polysémie semeuse de confusion, d'un flou notionnel générateur d'ambiguïté, d'usages géographiques parallèles, de recours abusifs à l'emprunt ou d'une carence de terme face à une notion nouvelle à dénommer.

14.2.4 CORPS DE DOCTRINE

Le traitement de ces divers problèmes ne peut être laissé aux perceptions subjectives des normalisateurs. Pour mettre au point des solutions efficaces et viables, l'organisme normalisateur doit se définir une doctrine d'intervention qui découle de son mandat. Cette doctrine doit assurer la cohérence des décisions et leur opportunité. Il est donc important de décider au préalable de la valeur à accorder aux usages existants, du seuil de tolérance à l'egard de la synonymie et de la polysémie, de l'attitude à adopter à l'égard des disparités géographiques et de l'emprunt, et de s'entendre sur des critères d'acceptation des néologismes. La première démarche que devrait faire un organisme de normalisation serait de se définir un corps de doctrine pour guider ses interventions.

14.2.5 AMÉLIORATION DE LA COMMUNICATION

On ne normalise pas pour le plaisir, ni pour des raisons d'ordre esthétique. L'objectif véritable de la normalisation est l'accroissement de l'efficacité de la communication. Comme l'intervention normalisatrice suppose souvent une modification des usages existants, il peut arriver que, dans l'immédiat, la communication n'en soit pas facilitée. Par contre, à long terme, si l'intervention normalisatrice est judicieuse et fondée sur un corps de doctrine cohérent, l'élimination des « nœuds » que constituent les impropriétés, les ambiguïtés, les flottements de sens ou d'usage ne peut que contribuer à améliorer les conditions d'une communication efficace.

14.3 APPLICATION DES DÉCISIONS NORMALISATRICES

Les décisions de normalisation qui ne s'imposent pas dans l'usage, loin d'atteindre leur objectif, ne font qu'accroître la multiplicité des usages. Il est donc opportun de s'interroger sur les conditions qui permettent à ces décisions de passer dans l'usage.

14.3.1 CRÉDIBILITÉ DE L'ORGANISME NORMALISATEUR

Un organisme normalisateur doit être reconnu auprès des usagers pour le sérieux de son travail. Il lui faut éviter les décisions qui contredisent inutilement les édits antérieurs ou qui émanent d'autres organismes similaires. Ses interventions doivent être toujours justifiées.

14.3.2 Consultation des usagers représentatifs

On ne peut normaliser en vase clos, sans tenir compte des usagers représentatifs du milieu visé par l'intervention. Tout organisme normalisateur doit avoir son réseau de consultants qui permet de « prendre le pouls » du milieu et d'ajuster les décisions en conséquence.

14.3.3 Véhicules de diffusion

Les décrets de normalisation doivent être largement connus, si l'on veut qu'ils soient appliqués. Le mode le plus efficace de diffusion des décisions de normalisation est souvent leur intégration à des textes normatifs : lois, règlements, normes industrielles ou techniques. Ce sont des documents auxquels on se réfère constamment et la terminologie qu'ils utilisent s'impose d'emblée.

Les médias, à cause de leur puissance d'impact, sont aussi des véhicules d'une grande efficacité. Quand un terme est utilisé clans la presse ou au journal télévisé, il passe vite dans l'usage.

Enfin l'acceptation de la normalisation par les usagers clés constitue aussi une forme importante de diffusion : professeurs, rédacteurs et traducteurs spécialisés sont des agents influents pour diffuser les décisions de normalisation.

L'organisme normalisateur, soucieux de l'efficacité de son travail, doit donc mettre au point une stratégie de diffusion axée sur ces trois pôles.

14.4 Terminologue et normalisation

On conçoit parfois le travail terminologique essentiellement comme un travail de normalisation. Or il ressort clairement de ce qui précède que le terminologue ne normalise pas, mais que son concours est essentiel à tout travail sérieux de normalisation. L'outil de travail par excellence du terminologue en normalisation est le dossier de normalisation qui doit permettre aux normalisateurs de prendre une décision éclairée qui aura toutes les chances d'être efficace.

14.5 LE DOSSIER DE NORMALISATION

Selon la nature des problèmes étudiés, il faut que les normalisateurs disposent des renseignements nécessaires à leur prise de décision. Une décision de normalisation ne peut reposer uniquement sur le goût, l'arbitraire subjectif ou l'habitude. Le dossier doit donc viser à bien situer le problème qui demande une intervention et poser des jalons de solutions dûment étayés et documentés.

14.5.1 QUALITÉS ESSENTIELLES DU DOSSIER DE NORMALISATION

La première qualité d'un dossier de normalisation, c'est l'ordre. Il doit comprendre trois parties : un état de la question, où le problème est précisé et délimité; une argumentation, où les diverses solutions possibles sont examinées; une conclusion, où le rédacteur du dossier présente la solution qui lui apparaît la meilleure. Il est important qu'à l'intérieur de chacune de ces parties, la démarche suive un ordre logique, que les idées s'enchaînent bien et qu'on sente la progression du raisonnement. C'est dire que le dossier doit s'établir d'après un plan rigoureux.

La deuxième qualité d'un dossier de normalisation, c'est la clarté, qui dépend du regroupement fonctionnel des idées et de la rigueur des références. Il importe que chaque énoncé qui fonde l'inventaire des données et l'argumentation soit étayé sur une ou plusieurs sources dignes de foi, et qu'on puisse nettement rattacher la source à l'énoncé. Parfois les données sont complexes et enchevêtrées. Il y a lieu alors de faire le point au moyen d'un tableau de synthèse qui remet visuellement chaque élément à la place qu'il occupe dans l'ensemble du problème étudié.

14.5.2 TYPES DE DOSSIER DE NORMALISATION

Selon la nature du problème posé, il existe quatre types de dossier de normalisation : étude d'un problème de polysémie, étude d'une synonymie pléthorique, redressement d'une impropriété, liée à un usage fautif (solécismes, barbarismes, anglicismes) ou à une confusion de notions apparentées, proposition d'un néologisme soit pour désigner une réalité nouvelle, soit pour remplacer un emprunt jugé abusif.

14.5.2.1 Cas de polysémie

L'intervention normalisatrice dans un cas de polysémie ne se justifie que si un terme désigne plusieurs notions à l'intérieur d'un même domaine et si cette polyvalence du terme engendre de la confusion.

Dans la première partie du dossier, l'état de la question, il faut d'abord faire le constat de la polysémie en citant les sources appropriées. Il faut ensuite faire la preuve des inconvénients de cette polysémie. Ces inconvénients doivent être réels et non pas uniquement reposer sur le principe de la monosémie du terme.

Dans la deuxième partie, l'argumentation, le rédacteur doit analyser les rapports qui existent entre les différents sens. Si ces rapports sont arbitraires et difficiles à circonscrire, il doit inventorier des solutions de rechange.

Dans la conclusion, le rédacteur peut soit proposer de maintenir la polysémie en circonscrivant rigoureusement les aires d'application de chaque sens, soit proposer pour chaque sens un terme spécifique, en s'aidant des données de l'argumentation.

14.5.2.2 Cas de synonymie pléthorique

Dans le cas d'une synonymie pléthorique, l'intervention n'est justifiée que s'il y a vraiment trop de termes pour désigner la même notion et si cette abondance complique la communication. C'est le cas, notamment, des appellations multiples d'une même maladie ou des désignations diverses d'un objet simple (les 14 termes qui désignent le compartiment à œufs d'un réfrigérateur). Ici encore, il ne faut pas que le principe de la monosémie du terme suffise à éliminer toute synonymie : dans les langues de spécialité, la synonymie peut être une ressource stylistique, tout comme en langue générale. Cependant les risques de confusion engendrés par une profusion de synonymes sont plus grands dans les langues de spécialité, d'où la nécessité de l'intervention dans les cas critiques.

Dans l'état de la question du dossier consacré à ce type de problème, il faut préciser la notion en cause avec ses principaux traits notionnels et attester ensuite que chaque terme de la série synonymique étudiée recouvre bien cette notion. S'il y a des écarts notionnels, les termes non coïncidents seront éliminés de l'étude.

Dans l'argumentation, il faut examiner chaque terme de la série et déterminer ses caractéristiques d'utilisation (voir le chapitre de la synonymie, section 12.4.2) avant d'évaluer chacun à l'aide des critères suivants :

a) **Fréquence.** La fréquence d'utilisation d'un terme est une donnée très importante pour son accréditation. Il faut se rappeler que fondamentalement le langage est affaire de convention; c'est ce qui donne à la fréquence une telle importance. Le terminologue ne dispose pas toujours de moyens scientifiques pour déterminer la fréquence d'un terme. Il est souvent amené à évaluer ce critère d'une façon empirique : occurrence dans plusieurs ouvrages, apparition dans les dictionnaires généraux et spécialisés, témoignage des usagers, etc. À qualité égale, le terme le plus fréquent doit avoir préséance sur ses concurrents. Toutefois, on ne peut évaluer la fréquence d'un terme sur une base uniquement régionale. La fréquence régionale n'est pas significative pour l'ensemble des usagers d'une langue.

b) **Maniabilité.** Le terme doit être intégré éventuellement dans un discours, d'où la nécessité de faciliter le plus possible cette intégration. Les longues périphrases, les mots surcaractérisés compliquent et alourdissent l'expression. Il en est de même des complications orthographiques et des difficultés de prononciation. Le terme n'est pas une définition, mais l'étiquette d'une notion.

c) **Adéquation.** L'adéquation d'un terme marque la parfaite convenance entre le terme et la notion qu'il recouvre. Idéalement, le rapport entre le terme et la notion devrait être univoque, c'est-à-dire exclure toute polysémie au sein d'un même domaine. Dans la pratique, il ne faut pas donner une portée trop absolue à ce principe. La polysémie n'est pas toujours un facteur de confusion. Toutefois, si l'on compare les termes d'une même série synonymique, la polysémie de l'un d'entre eux peut être un facteur d'élimination. On portera une attention particulière aux polysémies issues d'un glissement de sens. Plus le glissement est naturel, c'est-à-dire qu'il se situe dans une relation logique normale (voir le chapitre de la néologie, paragraphe 13.5.1.1), plus la polysémie est acceptable. Si, au contraire, le glissement est arbitraire, on cherchera à éliminer le terme qui en fait l'objet. Ainsi, en informatique, *routine* est un terme dont l'adéquation est faible parce qu'il possède en français une valeur affective (péjorative) dont l'emploi technique est dépourvu.

d) **Motivation.** Alors que l'adéquation porte sur le rapport intrinsèque qui unit le terme et la notion, la motivation s'attache à la valeur significative du terme lui-même. Un terme est motivé s'il laisse transparaître la notion qu'il recouvre, soit par son étymologie, soit par le sens de ses composants. Les termes qui respectent les lois de la morphologie d'une langue sont souvent motivés. Avec le temps, la motivation peut s'obscurcir et même devenir complètement opaque sans que la valeur fonctionnelle du terme s'en trouve affectée. Pour un très grand nombre d'usagers, les motivations étymologiques des mots savants (à base de latin ou de grec) sont devenues opaques. Il en est de même pour bon nombre de termes qui existent depuis longtemps. Personne ne voit plus le bouc dans *boucher* ni les deux roues (*birota*) dans *brouette*, alors qu'effectivement la brouette n'en a plus qu'une seule.

En conclusion, le dossier doit proposer le terme de la série à privilégier, compte tenu de ses caractéristiques d'usage et de sa convenance aux critères énoncés ci-dessus.

14.5.2.3 Cas d'impropriété

Le dossier relatif aux cas d'impropriété concerne l'emploi incorrect d'un terme dans un sens autre que celui qui lui est généralement reconnu soit à cause d'un glissement de sens abusif, par exemple le terme *place* employé au sens d'immeuble, soit sous l'influence d'une langue étrangère, par exemple le terme *séniorité* employé pour *ancienneté* dans le monde du travail. L'impropriété peut encore résulter de la confusion de notions apparentées, par exemple l'emploi de *divan* au sens de canapé ou de sofa.

Dans l'état de la question, il importe de cerner clairement en quoi consiste l'impropriété en comparant le sens usuel à l'emploi contesté ou en précisant le sens des termes dont l'emploi est confondu.

L'argumentation doit mettre en évidence les inconvénients de l'impropriété et comparer les correctifs possibles pour redresser cet usage impropre.

La conclusion proposera la meilleure solution de redressement qui se dégage de l'argumentation.

14.5.2.4 Cas d'une réalité nouvelle à dénommer

Ce type de dossier peut être un exercice de création néologique pure. Un nouvel objet vient d'apparaître; il faut lui trouver une désignation. Souvent, cependant, le nouvel objet arrive avec une désignation en langue étrangère. L'acceptation du terme en langue étrangère est un phénomène d'emprunt. On a vu plus haut (voir le chapitre sur la néologie, section 13.5.1.3.) que l'emprunt est un phénomène normal d'enrichissement des langues. On n'est justifié d'y faire obstacle que dans la mesure où il peut constituer une menace pour l'intégrité du système linguistique emprunteur en tarissant ses ressources créatrices ou en délogeant des termes déjà en place. On assimilera donc à ce type de dossier le traitement des emprunts jugés abusifs.

Dans l'état de la question, on précisera d'abord la notion à dénommer, puis on fera l'inventaire des propositions, attestées ou non, pour la désigner. S'il s'agit d'un emprunt abusif, on procédera de la même façon.

L'argumentation visera à comparer ces diverses propositions. Pour ce faire, on pourra recourir aux critères de maniabilité, d'adéquation et de motivation, déjà expliqués à la section 14.5.2.2, auxquels on pourra ajouter deux autres critères.

a) **Acceptabilité.** On pourrait dire de ce critère qu'il est psycholinguistique. Il n'est pas toujours facile de prévoir les réactions des usagers au nouveau terme proposé. Certains facteurs toutefois semblent jouer assez fréquemment dans le rejet d'un terme. Les associations péjoratives ou déplaisantes, un effet d'insolite trop marqué, un aspect trop savant (hors des domaines scientifiques) peuvent être autant de raisons pour bloquer l'accréditation d'un terme qui pourrait être par ailleurs excellent.

b) **Possibilité de dérivation.** À une époque de grands besoins de mots nouveaux, il n'est pas indifférent qu'un terme puisse engendrer des dérivés. On peut résoudre ainsi de façon cohérente des besoins connexes d'appellation. En effet il est intéressant, d'un point de vue linguistique, d'avoir pu tirer *informaticien* d'*informatique* ainsi qu'*informatiser* et *informatisation*.

Dans la conclusion, on dégagera la solution que l'application de ces critères semble favoriser.

14.6 EXEMPLES SOMMAIRES DE DOSSIERS DE NORMALISATION

Tout comme pour les études synonymiques, les dossiers proposés sont des échantillons, formant un tout, sans lien avec la structure générale de l'ouvrage. Comme dans la pratique, les notes renvoient à la fin de chaque dossier.

14.6.1 CAS DE POLYSÉMIE : *JUMELAGE* EN PUBLICITÉ

État de la question. Le mot *jumelage* en publicité désigne soit l'action d'associer plusieurs produits dans une même promotion (en anglais *joint promotion*), soit l'action d'associer deux produits seulement dans une même promotion (en anglais *tie-in*)[19]. Des publicitaires ont fait valoir qu'il est embêtant de n'avoir qu'un seul terme français équivalant à deux termes anglais.

Argumentation. La demande d'intervention ne peut se justifier ici qu'en contexte de bilinguisme. En soi, le peu de différence du contenu notionnel entre les deux notions en présence ne justifierait pas une appellation distincte. D'ailleurs, en France, on ne fait pas cette distinction[20, 21]. Par contre, il est clair qu'en situation de contact, par exemple entre des agences anglophones et francophones, la présence d'un seul équivalent pour deux termes anglais distincts peut parfois présenter certains inconvénients. Nous faisons face ici à un découpage différent des réalités. Il n'est pas toujours possible de concilier ces différences sans faire une certaine violence à la langue qui doit s'adapter au découpage de l'autre.

Conclusion. Étant donné la grande parenté des notions en présence, étant donné que l'usage du terme *jumelage* est dûment attesté en français dans les deux sens, le rédacteur du dossier recommande de maintenir le sens générique du terme *jumelage* en lui donnant la définition suivante : « action d'associer deux ou plusieurs produits dans une même promotion ». Il apparaît inopportun de donner en français une appellation distincte, selon que

---

19. Robert DUBUC, *Vocabulaire bilingue de la publicité, op. cit.*, sous les rubriques *tie-in* et *joint promotion*.
20. A. DAYAN et Loïc TROADEC, *Promotion des ventes et P.L.V.*, Paris, Presses Universitaires de France, coll. « Que sais-je? », n° 2482, 1989, p. 39.
21. Robert LEDUC, *La publicité, une force au service de l'entreprise*, 9ᵉ édition, Paris, Dunod Entreprise, 1987, p. 274.

varie le nombre des produits associés, simplement pour adapter le français à une autre langue. Quand les deux langues sont en présence, il suffira de noter que le terme français englobe le sens des deux termes anglais dans un rapport de générique à spécifique.

14.6.2 CAS DE SYNONYMIE PLÉTHORIQUE : *FAUTEUIL À BASCULE, ROCKING-CHAIR, BERCEUSE ET BERÇANTE*

État de la question. Dans le domaine du mobilier au Québec, quatre termes principaux sont en concurrence pour désigner le fauteuil monté sur des patins arqués qui permettent un balancement de l'avant vers l'arrière[22]. Ce sont : *fauteuil à bascule, rocking-chair, berceuse* et *berçante*. Les fabricants de meubles voudraient disposer d'un terme unique pour leur publicité tant sur le marché extérieur que sur le marché intérieur.

Argumentation. Ces quatre termes désignent bien la même notion, définie plus haut, comme le révèlent les documents consultés. Ainsi, le Petit Robert[23] définit *rocking-chair* de la façon suivante : « Chaise, fauteuil à bascule que l'on peut faire osciller d'avant en arrière par un simple mouvement du corps. » Et *berceuse* : « Siège à pied courbe sur lequel on peut se balancer ». Sous la rubrique berçante : « Rég. (Canada) chaise berçante. Chaise à bascule. » On notera ici l'assimilation de chaise à fauteuil. Il n'y a pas d'entrée sous *fauteuil à bascule*, mais sous *bascule*, on trouve : « Pièce ou machine mobile sur un pivot dont on fait lever une extrémité en abaissant l'autre. Fauteuil à bascule. » Ce dictionnaire se sert donc du déterminant *à bascule* pour désigner le siège (fauteuil ou chaise) monté sur des patins arqués.

Le Petit Larousse définit *berçante* et *berceuse* par paraphrase synonymique avec marque d'usage régional : « Au Canada, fauteuil à bascule. » Il procède de la même façon pour *rocking-chair*, mais sans marque : « Fauteuil à bascule. » Il n'y a pas d'entrée à *fauteuil à bascule*[24].

Le *Dictionnaire du français vivant*[25] ignore *berçante*, mais définit *berceuse* comme un « petit fauteuil à bascule », sans marque avec

---

22. Définition synthétique inspirée des divers ouvrages consultés.
23. Paul ROBERT, *op. cit.*
24. *Le Petit Larousse illustré.*
25. M. DAVAU et collab., *op. cit.*

valeur diminutive. Quant à *rocking-chair*, il définit ce terme comme un « fauteuil à bascule, généralement en rotin ». Il est le seul dictionnaire à faire une entrée sous *fauteuil à bascule* qui renvoie à *bascule*. La locution *à bascule* y est définie ainsi : « oscillant d'avant en arrière ».

Le *Dictionnaire nord-américain de la langue française* (Bélisle)[26] ne fait pas mention de *fauteuil à bascule*. Pour *berceuse*, il donne : « Siège dans lequel on peut se bercer » et note l'usage de *chaise berceuse* comme régional. À l'entrée *berçante*, on note la marque régionale et une définition avec chaise comme incluant. Pour *rocking-chair* : « Fauteuil ou chaise à bascule, appelée au Canada chaise berceuse, chaise berçante et abs. berçante. »

Le *Tarif-album Manufrance*[27] présente des rocking-chairs en rotin ou de style anglais.

Faisons maintenant un bilan de ce dépouillement.

FAUTEUIL À BASCULE. Ce terme sert le plus souvent comme incluant ou synonyme définitoire des autres. Il figure en entrée dans un seul dictionnaire, ce qui peut être l'indice d'une lexicalisation faible. Cependant, on le trouve comme exemple illustratif au mot *bascule*. Il s'agit d'une pièce de mobilier d'usage moins courant en Europe qu'en Amérique du Nord, ce qui pourrait expliquer son absence de la nomenclature de la plupart des dictionnaires d'usage. Des usagers européens consultés oralement confirment l'usage de ce terme. Au Canada, le terme n'appartient pas à la langue courante.

BERCEUSE. Ce terme semble s'appliquer indifféremment au fauteuil ou à la chaise. Le Larousse le note comme régional. Il semble en effet, à la lecture des exemples cités dans les dictionnaires, que l'emploi du terme se fasse plutôt en contexte rural, mais son emploi n'est pas limité au Québec.

BERÇANTE. Tous les dictionnaires reconnaissent ce terme comme un régionalisme québécois, de même que son application indifférenciée au fauteuil ou à la chaise.

---

26. L.-A. BÉLISLE, *Dictionnaire nord-américain de la langue française*, Montréal, Beauchemin, 1979.
27. *Tarif-album Manufrance*, Saint-Étienne (France), 1980, p. 259 et 468.

ROCKING-CHAIR. Il semble que nous soyons ici en présence d'un xénisme plutôt que d'un emprunt. Le mot, introduit en France vers le milieu du xixᵉ siècle, semble être resté attaché au fauteuil à bascule de style anglais. Son emploi reste teinté d'une nuance d'exotisme.

Conclusion. Pour répondre au vœu des fabricants de meubles qui désirent un terme d'application universelle, il semble bien qu'on doive recommander l'utilisation de *fauteuil à bascule*. Ce terme à résonance technique (à cause de bascule) est utilisé en Europe, mais il n'est pas inconnu non plus au Québec (Bélisle l'utilise dans l'une de ses définitions). Son usage serait particulièrement bien adapté au vocabulaire technique du mobilier.

Le terme *berceuse* pourrait peut-être aussi être pris en considération. Toutefois, sa résonance familière et paysanne conviendrait sans doute moins bien au registre du vocabulaire technique.

Quant à *berçante* et à *rocking-chair*, il conviendrait de les écarter du vocabulaire technique général de l'industrie. Le premier, à cause de son caractère régional accusé (il ne pourrait servir dans les communications destinées au marché extérieur); le second s'est trop particularisé pour servir de terme générique. Son emploi technique serait restreint aux fauteuils à bascule de style anglais.

14.6.3 CAS D'IMPROPRIÉTÉ : CONFUSION DANS L'EMPLOI DE *CANAPÉ*, *DIVAN* ET *SOFA*

État de la question. Les fabricants de meubles du Québec veulent que soient nettement distingués les types de meubles désignés par les termes *canapé, divan* et *sofa*. Dans l'usage actuel, il y a une confusion à peu près totale à laquelle s'ajoute l'usage d'un emprunt : *chesterfield*. Il faut noter que cette confusion résulte aussi d'une contamination du sens français de *sofa* par l'usage du même mot en anglais.

Argumentation. Ces trois termes désignent un long siège où plusieurs personnes peuvent s'asseoir, mais au-delà de ces traits communs, chacun a ses caractéristiques propres. Comparons les définitions données pour chacun par les dictionnaires d'usage et par une étude terminologique de la question[28].

---

28. Comité de linguistique de la Société Radio-Canada, *C'est-à-dire*, Montréal, Société Radio-Canada, vol. VI, nᵒ 1, 1970, p. 1-3.

CANAPÉ :

« Long siège à dossier, pour plusieurs personnes[29]. »

« Long siège à dossier où plusieurs personnes peuvent s'asseoir[30]. »

« Long siège capitonné à dossier où peuvent s'asseoir plusieurs personnes[31]. »

« Long siège à dossier et bras fixes pouvant asseoir au moins trois personnes[32]. »

DIVAN :

« Canapé sans bras, ni dossier, garni de coussins et qui peut servir de lit[33]. »

« Long siège sans dossier ni bras qui peut servir de lit de repos[34]. »

« Long siège sans dossier ni bras, mais garni de coussins, qui se place contre un mur[35]. »

« (Long siège) sans dossier fixe, facilement transformable en lit[36]. »

SOFA :

« Sorte de canapé ou de lit de repos à trois dossiers, rembourré[37]. »

« Lit de repos à trois appuis servant aussi de siège[38]. »

« Sorte de canapé à trois dossiers[39]. »

« Lit servant aussi de sièges[40]. »

Conclusion. De la comparaison de ces définitions, il ressort que *canapé* est un terme générique pour désigner un meuble de salon où peuvent s'asseoir plusieurs personnes. Larousse s'en sert comme incluant pour définir les mots *divan* et *sofa*. Bordas fait de même pour *sofa*. Le terme *chesterfield*, nettement en perte de vitesse dans l'usage des fabricants de meubles, devrait donc être remplacé par *canapé*. De même le canapé, transformable en lit par le déploiement d'un matelas dissimulé sous le siège, souvent désigné par le nom commercial anglais *hide-a-bed*, est un **canapé-lit**.

---

29. *Le Petit Larousse illustré.*
30. Paul ROBERT, *op. cit.*
31. M. DAVAU et collab., *op. cit.*
32. Comité de linguistique de la Société Radio-Canada, *op. cit.*
33. *Le Petit Larousse illustré.*
34. Paul ROBERT, *op. cit.*
35. M. DAVAU et collab., *op. cit.*
36. Comité de linguistique de la Société Radio-Canada, *op. cit.*
37. *Le Petit Larousse illustré.*
38. Paul ROBERT, *op. cit.*
39. M. DAVAU et collab., *op. cit.*
40. Comité de linguistique de la Société Radio-Canada, *op. cit.*

Le **divan** est par définition transformable en lit, donc il conviendrait d'abandonner le terme *divan-lit*. Ce qui distingue le divan du canapé, c'est qu'il n'a pas de dossier ni de bras fixes. Il peut s'agir de simples coussins qui tiennent lieu de dossier ou de bras. Souvent le dossier et les bras s'abaissent pour faire le lit.

Le **sofa** n'est pas un meuble très répandu en Amérique du Nord. Sa caractéristique principale est qu'il comporte trois dossiers ou appuis correspondant à chaque place. Il semble aussi qu'il s'agit plutôt d'un lit qu'on transforme en siège, contrairement au divan. En américain, on emploie souvent *sofa* au sens de canapé.

En résumé, disons qu'on peut toujours employer *canapé* pour désigner un siège de salon multiplace. Le **divan** est un canapé qui se transforme directement en lit; le siège ou le dossier abaissé servent de matelas. Quant à *sofa*, on pourrait le classer comme terme très spécialisé, d'usage rare dans le mobilier contemporain. Si on tient à l'utiliser, il faut respecter le sens français du terme et non pas en faire un synonyme passe-partout de *canapé*.

14.6.4 Cas de création néologique : comment appeler un « talk-show »?

Comme on l'a signalé plus haut, ce type de dossier peut tout autant concerner la désignation d'une réalité nouvelle pour laquelle on cherche une appellation que la désignation dans une langue d'une réalité nouvelle déjà étiquetée dans une autre.

État de la question. Dans le contexte linguistique québécois, le recours à l'emprunt pour désigner une réalité est sujet à caution du fait du déséquilibre des forces des langues en contact. S'il fallait nous contenter de la désignation anglaise chaque fois que nos voisins lancent une réalité nouvelle, nous finirions par parler avec des mots anglais. Le présent dossier se situe donc dans cette perspective de réaction à l'emprunt en raison des facteurs sociolinguistiques en présence.

Qu'est-ce qu'un « talk-show »? Selon les spécialistes consultées[41], il s'agit d'une émission de radio ou de télévision, passant généralement en fin de soirée, où un animateur vedette inter-

---

41. Manon Laganière, Pauline Daigneault et Louise Brunette, Société Radio-Canada, Service de linguistique et de traduction, 1990.

viewe des invités que l'actualité met en évidence. Ces interviews sont habituellement entrecoupées de numéros de variétés. C'est l'alliance d'une formule journalistique avec une formule spectacle qui donne son caractère spécifique à ce genre d'émission.

Argumentation. Quelques tentatives ont été faites jusqu'ici pour remplacer cet emprunt. Elles se sont révélées vaines. Il s'agit donc d'un emprunt difficile à déloger. Les chances de succès de l'intervention normalisatrice tiennent vraiment à l'excellence du terme qui sera proposé pour le remplacer.

Nous avons réuni les cinq meilleures propositions parmi celles qui nous ont été faites par divers intervenants[42]. Nous examinerons chacune de ces propositions à la lumière des critères suivants : maniabilité, adéquation, motivation, acceptabilité et possibilité de dérivation en donnant pour chacun une note sur 10, le chiffre 10 marquant la conformité maximale du terme au critère en question.

Voici donc les cinq termes proposés : *amuse-gueule, variview, parlorama, nocturne, supermag.*

AMUSE-GUEULE. Il s'agit d'une création plaisante par extension sémantique d'un terme déjà existant. Cette extension se fait par un retour au sens premier des composants pour couvrir les principaux aspects de la notion à dénommer : *amuse* renvoie à variétés et *gueule,* à parole (interviews). Cette nouvelle acception n'a donc rien à voir avec le sens actuel d'*amuse-gueule* : « Petit canapé servi avec l'apéritif ». La proposition est aussi audacieuse qu'ingénieuse. Les quelques témoins auxquels elle a été soumise se sont montrés réservés à son endroit. Les possibilités de dérivation apparaissent faibles : des mots comme *amuse-gueuler, amuse-gueulard* sont possibles, certes, mais peu agréables.

VARIVIEW. Ce néologisme est un mot-valise créé par la troncation de deux mots existants : *variétés* et *interview,* et par la soudure des éléments retenus **variétés** et *interview* = **variview.** Ce procédé de création est très populaire en français contemporain. Des mots de grande fortune comme *informatique, créatique, productique* ont été créés de cette façon. Les témoins consultés ont fait

---

42. Étudiants en traduction, Université de Montréal, cours TR 6020, automne 1991.

valoir que la forme -*view* était anglaise et que l'opération de substitution semblait vaine de ce fait. Tout comme pour le terme précédent, les possibilités de dérivation sont présentes (tous les dérivés d'*interview* devenant possibles), mais à première vue rebutantes.

PARLORAMA. Ce mot est une composition sur un modèle savant avec un élément français (**parler**) et une racine grecque (**orama,** du verbe *orao,* « percevoir par la vue »). La motivation étymologique est donc la suivante : *parl-* (partie interview), -*orama* (partie spectacle). Les témoins consultés ont fait valoir que les créations en -*orama* faisaient un peu cliché, mais que la présence d'un terme comme *diaporama* pouvait en faciliter l'acceptation. Possibilités de dérivation faibles et insolites (*parloramer, parlorameur, parloramage*).

NOCTURNE. On retrouve ce terme dans plusieurs domaines : liturgie, musique, zoologie et sport. Dans tous ces domaines, le terme est lié à l'idée de nuit, sauf en musique contemporaine. Le mot est très connu, facile d'emploi et parfaitement intégré dans la langue. Il met cependant l'accent sur un trait sémantique accessoire de la notion. Théoriquement, un « talk-show » pourrait passer à n'importe quelle heure du jour. Les témoins consultés se sont montrés dans l'ensemble favorables, compte tenu de la réserve usuelle qui accueille presque toute création néologique. La motivation aléatoire les gêne quelque peu. Excellentes possibilités de dérivation (*nocturner, nocturneur, nocturnage* sont des formes possibles et digestibles).

SUPERMAG. Il s'agit d'un composé par préfixe (*super-*, qui marque l'excellence) et troncation d'un mot français (**mag**azine).

En radiotélévision, le magazine désigne un type d'émission d'actualités composé de rubriques et de reportages divers. La motivation étymologique est boiteuse. Il n'est pas prouvé que le « talk-show » soit une forme d'émission caractérisée par l'excellence et l'importance. En radiotélévision, le terme *magazine* est lié aux actualités et non aux variétés. Les témoins consultés se sont montrés très sensibles à ces faiblesses de motivation ainsi qu'à l'allure publicitaire du terme. Possibilités de dérivation nulles.

Quantifions maintenant nos critères.

Tableau III
Création d'un néologisme – Quantification des critères

TERME	MANIABILITÉ	ADÉQUATION	MOTIVATION	ACCEPTABILITÉ	DÉRIVATION	TOTAL
amuse-gueule	6	7	7	7	3	30
variview	7	9	7	4	4	31
parlorama	8	9	7	5	2	31
nocturne	10	6	5	9	7	37
supermag	8	5	5	6	0	24

Conclusion. Si l'on tient compte des résultats quantitatifs de l'évaluation, c'est l'équivalent *nocturne* qui devrait avoir préséance sur ces concurrents, puisqu'il devrait offrir les meilleures chances de viabilité. Sa seule faiblesse tient à sa motivation liée à une caractéristique accessoire de la notion. Toutefois, cette démotivation s'est déjà produite en musique. En effet, le nocturne musical de nos jours est plutôt lié au caractère romantique de la pièce qu'au moment de son exécution. Si le « nocturne » radiotélévisuel venait à se déplacer dans la grille horaire, il pourrait donc conserver son appellation par assimilation.

Suggestions de travaux pratiques

1. Préparer un dossier de normalisation pour trouver un équivalent français de *goodwill* en évaluation d'entreprise.

2. Préparer un dossier de normalisation pour choisir le meilleur terme dans la série synonymique suivante : *compartiment à œufs, bac à œufs, tiroir à œufs, œufrier, alvéoles.*

3. Dans le domaine du transport routier, établir un dossier de normalisation sur la polysémie du terme anglais *tachograph*.

4. Y a-t-il lieu, en radiotélévision, de proscrire l'utilisation de « continuité » au sens de série ou de feuilleton? Justifier sa réponse en établissant un dossier de normalisation.

CHAPITRE XV

Exploitation de la documentation

15.1 INTRODUCTION

L'exercice compétent de la profession de terminologue repose certes sur de solides connaissances linguistiques, mais il dépend aussi dans une large mesure de la capacité de repérer et d'exploiter la documentation pertinente aux thèmes de recherche.

15.2 DOCUMENTATION ET TERMINOLOGIE

Les professions langagières se technicisent. La terminologie ne fait pas exception. Le terminologue consacre la majeure partie de son temps et de ses énergies à la terminologie des langues de spécialité. Il peut le faire à différents niveaux : scientifique, technique ou de vulgarisation. Mais l'efficacité de son travail reposera toujours sur la qualité et la représentativité de sa documentation.

Cette constatation s'impose d'autant plus que la spécialisation étroite apparaît comme une vue de l'esprit. Dans la pratique, le terminologue doit faire preuve de polyvalence. Cette polyvalence ne peut s'acquérir que par l'exploitation d'une documentation originale, c'est-à-dire non traduite, et représentative du milieu visé. En effet, il ne suffit pas de comprendre et connaître les notions en cause; il faut encore savoir les enchaîner dans un discours cohérent qui reflète les usages du domaine.

15.3 Apports de la documentation

Pour illustrer le parti terminologique qu'on peut tirer de la documentation, nous allons donner un résultat de dépouillements terminologiques dans des documents, français et anglais, sur la betterave à sucre.

15.3.1 Présence des synonymes

On constate, par exemple, dans les textes professionnels, l'emploi plus fréquent du terme *betterave sucrière*, par rapport à son synonyme *betterave à sucre*. De même *gaz carbonique* est supplanté par *bioxyde de carbone* dans les exposés techniques. Le terme *cassonade*, qui désigne dans la langue courante tout « sucre brun », ne s'applique dans la langue technique qu'au sucre de canne. Le sucre brun de betterave se nomme *vergeoise*.

Le terme anglais *sugar factory* se rend en français tantôt par *betteraverie*, tantôt par *raffinerie* en précisant le produit traité (betterave) ou l'opération principale (raffinage). De même la notion de *seed* est rendue tantôt par le terme abstrait *semence*, tantôt par le terme concret *graine*.

15.3.2 Relevé des termes spécifiques du domaine

a) **Termes conceptuels**

Culture de la betterave

seed bed : lit de semence
beet leaf : fane
common red beet : betterave potagère
close planting : semis dense
space planting : semis de précision
sugar grower : betteravier

Récolte de la betterave

topping : décolletage
topper : décolleteuse (machine)
harvester : ramasseuse (machine)
receiving station : poste de réception

Traitement

scale : poste de pesée
beet cutter : coupe-racines

centrifuger : centrifugeuse (machine)
sugar-maker : sucrier (personne)
sugar-bailer : raffineur (personne)
carbonation : carbonatation
sweet juice : jus sucré
raw juice : jus de diffusion
clear juice : jus clair
non-sugar substances : non-sucres (n. m. pl.)
diffusion cell : trommel de diffusion
proof stick : pipette
muddy sediments : boues
fillmass : masse cuite

b) **Termes fonctionnels**

Culture

to thin the beets : démarier
to cultivate soil : passer le champ au cultivateur

Récolte

to top : décolleter

Traitement

to seed a liquid for crystallization : amorcer la cristallisation
to granulate : grainer

Ce qui frappe dans cette comparaison de termes interlangue, c'est la rareté des formes correspondantes d'une langue à l'autre : deux termes seulement auraient pu être traduits littéralement. Ce sont *seed bed / lit de semence* et *sweet juice / jus sucré*. On voit donc comment la pratique du calque non attesté peut être dangereuse et semeuse de confusion. Seul le recours à une bonne documentation peut pallier ce péril.

15.3.3 Constatation des découpages différents de la réalité

Salad-maker est un synonyme familier de *beet cutter*. Le français ignore cette disparité de niveau et ne connaît qu'un seul terme : *coupe-racines*.

Pour désigner le sucre qui colle au fond du récipient par suite d'une évaporation trop intense, l'anglais recourt au substantif *verbal scorching*; le français utilise plutôt le verbe intransitif *attacher*, par exemple : « pour éviter que le sucre n'attache ».

Les professionnels de la betterave n'utilisent que le terme *croisement* pour nommer l'opération par laquelle les botanistes mettent au point de nouvelles variétés de plantes. En anglais, on préfère le terme savant *hybridization*.

L'opération qui consiste à débarrasser le jus de diffusion de son excédent d'eau se nomme en anglais *evaporation* et en français *concentration*, ce qui constitue un joli chassé-croisé de la cause à l'effet.

15.4 Ressources disponibles

L'exemple cité plus haut a voulu illustrer le recours indispensable à une documentation de source pour dégager une bonne nomenclature terminologique. Le recours systématique au calque, si fréquent en traduction, multiplie les sources de confusion. Il faut donc donner aux artisans langagiers accès à des documents originaux dans leurs langues de travail.

15.4.1 Bases de données documentaires

Nous pouvons profiter de nos jours de multiples bases de données documentaires soit bibliographiques, soit textuelles. Précisons tout de suite, pour ceux qui ne le sauraient pas encore, qu'une base de données repose sur la constitution d'un corpus traité informatiquement pour en faciliter la consultation et l'exploitation.

Les bases de données bibliographiques sont utiles pour le repérage des documents (livres ou articles) à dépouiller en vue d'une recherche thématique.

Les bases de données textuelles peuvent fournir des documents à dépouiller, soit sous forme de photocopies, soit sur disquettes en format ASCII, traitables directement par ordinateur. Il existe un grand nombre de bases de données touchant diverses disciplines : ingénierie, droit, médecine, etc. Elles sont généralement accessibles par abonnement direct, sur disque optique compact (CD-ROM) ou par l'entremise des grandes bibliothèques, qui restent pour l'usager ordinaire la principale voie d'accès à ces bases.

15.4.2 BIBLIOTHÈQUES

Les bibliothèques publiques ou institutionnelles contiennent souvent des trésors de documentation. Pour les terminologues en exercice, il est parfois difficile d'aller les consulter pendant les heures de travail. Il est cependant possible de recourir aux prêts interbibliothèques.

15.4.3 DOCUMENTS TERMINOLOGIQUES EXISTANTS

Il ne faut pas chercher à réinventer la roue. Il existe déjà des travaux terminologiques dans les différentes spécialités. Si ces travaux sont bien faits, s'ils ont été élaborés selon une bonne méthode et avec une bonne documentation, il n'y a pas lieu de les refaire. Il y a beaucoup de travaux terminologiques diffusés à bon prix par l'Office de la langue française du Québec, le Bureau des traductions du Secrétariat d'État, certaines grandes entreprises, le Service de terminologie des Nations Unies, celui des communautés européennes, etc. Il existe aussi bon nombre de travaux terminologiques sérieux diffusés dans le commerce. Ces documents sont à exploiter.

Parmi les sources de travaux terminologiques, les banques de terminologie sont d'une importance primordiale. L'abonnement à ces banques constitue un élément indispensable de l'exploitation de la documentation.

15.5 CONSTITUTION D'UN CENTRE DE DOCUMENTATION TERMINOLOGIQUE

Le centre de documentation terminologique doit être organisé selon deux axes. L'amont, qui doit satisfaire aux exigences de la recherche terminologique, et l'aval, qui doit fournir aux usagers du centre des solutions à leurs problèmes de terminologie.

15.5.1 AMONT : BESOINS DE LA RECHERCHE TERMINOLOGIQUE

Pour faire de la recherche terminologique, il faut disposer de documents originaux dans chaque langue de travail et pour tous les domaines de recherche. Ces documents comprendront notamment des manuels, des traités, des guides auxquels pourront s'ajouter des normes techniques et des documents internes tels que descriptions de tâches, notices d'entretien, etc., selon les domaines d'activité du centre. Il faut souligner qu'il s'agit de documents originaux et non de traduction, car il faut attester une terminologie authentique, confirmée par un usage représentatif. Les traductions, en règle générale, n'offrent pas ces garanties. Ces documents doivent être représentatifs du domaine auquel ils appartiennent. Ils doivent en refléter l'usage, non pas uniquement sur une base locale ou régionale, mais dans l'ensemble du champ d'activité qui a été défini. Enfin ils doivent répondre à des critères satisfaisants de qualité de rédaction : respect de la grammaire, cohérence des énoncés, propriétés des termes, etc. Idéalement, ces ouvrages devraient être indexés dans un fichier-sujets. Si tel n'est pas le cas, les terminologues doivent exploiter au maximum les tables des matières et les index des documents qui en sont pourvus.

L'avènement des bases de données documentaires informatisées simplifie le problème dans la mesure où l'on dispose des ressources financières pour y avoir accès. Certaines de ces bases sont offertes sur disque optique compact (CD-ROM). Cette solution peut être avantageuse si la fréquence de consultation la justifie. De plus en plus, les centres de documentation s'automatisent de façon à permettre une utilisation maximale du fonds documentaire.

À ces documents de base, il faut ajouter des documents de contrôle : les dictionnaires et vocabulaires unilingues généraux et spécialisés. Les premiers documents représentent la terminologie en acte, dans un discours articulé; les seconds sont des véhicules de terminologie stabilisée. Il est bon de s'assurer de la concordance des unités terminologiques dans ces deux situations. Il faut se rappeler aussi que les langues de spécialité sont des sous-systèmes de la langue générale et qu'ils en restent dans une certaine mesure tributaire, d'où la nécessité de se référer à des ouvrages lexicographiques de langue générale, comme les Robert, Larousse, Webster, Oxford et autres.

Un troisième volet de la documentation regroupera les ouvrages terminologiques unilingues, bilingues ou multilingues, à savoir les vocabulaires et lexiques appartenant aux champs d'activité du centre. Ces documents évitent de répéter les recherches déjà faites et bien faites. Évidemment, ces documents doivent faire l'objet d'un contrôle de qualité touchant la méthode utilisée, les sources de dépouillement et le traitement de l'information retenue (synonymes, polysèmes, renvois aux notions connexes, etc.). Cette collection doit être complétée par des postes d'accès aux banques de données terminologiques.

Toutes les recherches menées en amont doivent aboutir à un fichier central de terminologie, composé de fiches répondant aux critères de validité reconnus par la discipline. Ce fichier peut être manuel ou automatisé. Outre une réduction du temps consacré à la recherche, l'établissement d'un fichier terminologique permet d'uniformiser la terminologie en usage, d'éviter la duplication des recherches et de garantir la validité de l'information.

Le fichier terminologique artisanal doit être général et non thématique. Les classements raisonnés introduisent trop de subjectivité à la consultation et sont, de ce fait, pour un centre de documentation, d'un usage restreint parce qu'ils compliquent le repérage de l'information.

Les fichiers automatisés éliminent ce problème puisqu'ils permettent l'accès à l'information selon toutes les modalités de consultation.

15.5.2 Aval : consultation par les usagers

Le centre de documentation terminologique n'existe pas uniquement pour les terminologues. Diverses catégories d'usagers peuvent y avoir accès : traducteurs et rédacteurs, de même que des usagers non langagiers.

Ces usagers ont en général à résoudre un problème précis de terminologie. Ils veulent une solution rapide à ce problème. Pour ce faire, ils peuvent consulter d'abord les banques de terminologie, le fichier terminologique du centre et enfin les ouvrages terminologiques faisant partie de la collection du centre. Il s'agit donc de leur faciliter l'accès à ces différents outils pour qu'ils puissent dans toute la mesure du possible se tirer d'affaire seuls. De là la nécessité d'aménager rationnellement l'espace physique du centre.

Si l'usager ne trouve pas la solution à son problème, il s'adressera au terminologue de service qui pourra procéder à une recherche ponctuelle dont il consignera le résultat au fichier central du centre.

15.6 CLASSEMENT

Dans un centre de documentation terminologique, le problème du classement soulève quelques difficultés. Certains optent pour les grandes classifications bibliothéconomiques : Décimale universelle, Library of Congress, etc. Quand le centre ne dispose pas d'une très importante collection, ces systèmes sont lourds à gérer. D'autres ont opté pour un classement selon les axes principaux d'activité des clients du centre. Les domaines d'activité auxquels le centre s'intéresse peuvent faire l'objet d'un thésaurus pour faciliter le classement des fiches et des documents par domaines et sous-domaines. Le thésaurus comprend généralement un arbre de domaines et un index de vedettes-matières qui permet de rattacher systématiquement un terme au domaine ou au sous-domaine pertinent. On peut aussi procéder d'une façon plus empirique en dressant pour chaque domaine identifié un arbre dont les subdivisions servent au classement des documents tout autant qu'à l'indication des domaines et sous-domaines sur la fiche terminologique.

Donnons un exemple.

Domaine général :
radiotélévision

Sous-domaines principaux :
production
exploitation technique
installations et équipements
métiers et fonctions

Si le besoin s'en fait sentir, on peut subdiviser chaque sous-domaine principal en sous-domaines secondaires.

Pour le sous-domaine production, on aura alors costumes, décoration, éclairage, graphisme, maquillage, mise en scène, plans et transitions.

15.7 PROFIL DU DOCUMENTALISTE

Pour répondre aux besoins d'exploitation en amont et en aval d'un centre de documentation, le documentaliste doit d'abord posséder une bonne formation professionnelle acquise soit au cégep (techniques de documentation), soit sur le tas (travail dans les bibliothèques ou centres de documentation).

La compétence du documentaliste dans le cas qui nous occupe tient à sa capacité de concevoir les problèmes posés au-delà des données de ses techniques. Ses techniques sont des moyens et non des fins.

Le documentaliste doit faire preuve d'une grande ouverture d'esprit, d'une inaltérable curiosité, d'imagination et d'intuition pour tracer des cheminements documentaires courts et efficaces. Par-dessus tout, il doit pouvoir saisir ce qu'est essentiellement un problème de terminologie et comprendre le type de solutions qu'il appelle. Le documentaliste est le gestionnaire du centre de documentation. Sa mission est de permettre, en amont comme en aval, un travail plus efficace. À cette fin, il doit établir des liens avec les autres centres de documentation et dresser un fichier d'experts à consulter comme personnes-ressources.

15.8 LE FONDS DOCUMENTAIRE

Parmi les ouvrages que doit posséder un centre de documentation terminologique, où le travail se fait en français et en anglais, il faut signaler les ouvrages suivants.

15.8.1 DOCUMENTS DE LANGUE GÉNÉRALE

a) **En français**

– *Le Grand Robert de la langue française* (en neuf volumes), offert également sur CD-ROM.

– *Grand Dictionnaire encyclopédique Larousse* (en 10 volumes). Le fonds dictionnairique de cette encyclopédie a fait l'objet de diverses éditions parmi lesquelles on pourra choisir selon ses besoins.

– *Le Trésor de la langue française*. Il s'agit d'un ouvrage intéressant à cause de l'ampleur de sa nomenclature et de la richesse des exemples cités.

– Dictionnaires usuels : Larousse et Robert (éditions les plus récentes).

– Dictionnaires des difficultés : *Le Multidictionnaire*, de Marie-Éva de Villers, *Le Nouveau dictionnaire des difficultés du français moderne*, de Joseph Hanse et *Le Dictionnaire des difficultés de la langue française*, de Adolphe V. Thomas.

— Décrets et arrêtés : *Répertoire des avis linguistiques* de l'Office de la langue française du Québec et les décisions des Commissions ministérielles du gouvernement français.

— Fichier du Comité de linguistique de la Société Radio-Canada.

b) **En anglais**

— Dictionnaires généraux : *Webster's Unabridged* (et autres selon les besoins).

— Encyclopédies : *Encyclopædia Britannica*.

— Dictionnaires particuliers : *The American Heritage Dictionary* (Houghton Mifflin), *Gage Canadian Dictionary*.

c) **Dictionnaires bilingues anglais-français, français-anglais**

Robert-Collins et Harrap's New Standard (4 vol.).

15.8.2 Documentation technique générale

a) **En français**

— Conseil international de la langue française, *Dictionnaire des industries*.

— *Encyclopédie internationale des sciences et des techniques* (10 vol.), Presses de la cité.

— *Techniques de l'ingénieur* (Cette collection comprend plusieurs traités dont on peut choisir les plus pertinents compte tenu des champs d'activité du centre.)

b) **En anglais**

— *McGraw-Hill Encyclopedia of Science and Technology*.

— *Van Nostrand's Scientific Encyclopedia*.

c) **Dictionnaires bilingues**

Richard Ernst, *Dictionnaire général de la technique industrielle* (anglais-français, français-anglais).

15.8.3 Documents spécialisés

Ce secteur du centre doit regrouper, compte tenu des champs d'activité, les ouvrages lexicographiques unilingues spécialisés ainsi que les vocabulaires et lexiques terminologiques existants dans ces domaines. À cela il faut ajouter les documents normatifs (lois, règlements, normes) ainsi que les documents d'exploitation : manuels, notices, conventions collectives, catalogues. On notera qu'un très grand nombre de ces documents sont accessibles par les bases de données textuelles. C'est une ressource dont il faut de plus en plus tenir compte.

15.9 Évaluation de la documentation

Avant de faire l'acquisition d'un ouvrage, et plus particulièrement si cet achat est destiné à un centre de documentation terminologique, il est souhaitable d'en évaluer la qualité et la portée. Si l'ouvrage est déjà connu et largement utilisé, on sait généralement à quoi s'en tenir. Mais s'il s'agit d'un ouvrage nouveau, il faut procéder avec prudence.

15.9.1 Ouvrages lexicographiques et terminologiques

a) **Examen des comptes rendus dans la presse spécialisée**

En général, ces comptes rendus donnent une idée du contenu et en font l'évaluation. Même s'il ne faut pas accorder une trop grande valeur à ces comptes rendus, ils peuvent fournir des indications utiles, qu'on pourra toujours contrôler à l'aide des critères suivants.

b) **Critères d'évaluation**

Méthode suivie. Les points à contrôler sont les suivants : bibliographie (provenance des sources, datation, présence d'ouvrages traduits); traitement des synonymes (marques et renvois); traitement des polysèmes (démarcation nette des sens); découpage des unités.

Structure de l'ouvrage. Avant-propos (justification de la méthode suivie), indications des domaines et sous-domaines, index des termes cités hors de l'ordre alphabétique.

Cohérence de la présentation. Définition des codes et symboles utilisés; cohérence des conventions typographiques; clarté des définitions, le cas échéant.

Pertinence de la nomenclature. Contrôle aléatoire à l'aide de textes spécialisés.

Date de publication. À contrôler.

15.9.2 OUVRAGES NON LEXICOGRAPHIQUES

a) **Opinions des spécialistes du domaine.** Avant de faire l'acquisition d'un traité, d'un manuel ou autre ouvrage de même nature, il est bon de demander l'opinion d'un spécialiste, déjà sensibilité aux besoins de la terminologie. Il pourra souvent donner des renseignements pertinents sur l'autorité de l'auteur et sur la représentativité de sa terminologie.

b) **Critères intrinsèques d'évaluation**

Langue de rédaction. Il doit s'agir – sauf exception – de textes originaux et non de traduction. Le texte doit aussi être rédigé dans une langue correcte.

Provenance. On vérifiera la provenance de l'ouvrage pour éviter les pièges de terminologies locales.

Date de publication. À contrôler pour déterminer si l'ouvrage est toujours d'actualité.

15.9.3 DOCUMENTATION ÉPHÉMÈRE

On classe dans la catégorie de documentation éphémère les documents publicitaires (lettres de publicité, notices, présentation de produits, catalogues, etc.) ainsi que les articles de revue traitant de sujets d'actualité.

On appliquera à ces documents les mêmes critères que ci-dessus touchant la langue de rédaction, la provenance et la date de publication.

15.10 QUELQUES ADRESSES UTILES

15.10.1 ORGANISMES DE NORMALISATION

American National Standards Institute (ANSI)
11 West 42nd Street
New York, N.Y. 10036
ÉTATS-UNIS

American Society for Testing and Materials (ASTM)
1916 Race Street
Philadelphia, Penn. 19103
ÉTATS-UNIS

Association française de normalisation (AFNOR)
Tour Europe
92049 Paris La Défense Cedex
FRANCE

British Standards Institution (BSI)
389 Chiswick High Road
London
W4 4AL
ROYAUME-UNI

Canadian Standards Association / Association canadienne de
normalisation (CSA)
178 Rexdale Boulevard
Rexdale (Ontario)
M9W 1R3

15.9.2 ORGANISMES DE RECHERCHE TERMINOLOGIQUE

Office de la langue française du Québec
200, chemin Sainte-Foy
Québec (Québec)
G1R 5S4
(publie *Terminogramme*)

Terminologie et Services linguistiques
Langues officielles et traduction
Secrétariat d'État du Canada
Ottawa (Ontario)
K1A 0M5
(publie *Actualité terminologique*)

Comité de terminologie française
Ordre des comptables agréés du Québec
680, rue Sherbrooke Ouest, 7ᵉ étage
Montréal (Québec)
H3A 2S3
(publie *Terminologie comptable*)

Conseil international de la langue française
11, rue de Navarin
75009 Paris
FRANCE
(publie *La Banque des mots*)

Commission générale de terminologie et de néologie
Délégation générale à la langue française
6, rue des Pyramides
75001 Paris
FRANCE

Commission électrotechnique internationale (CEI)
Bureau central
3, rue de Varembé
1211 Genève 20
SUISSE

International Standard Organization (ISO)
Organisation internationale de normalisation
Secrétariat central
1, rue de Varembé
1211 Genève 20
SUISSE

BIBLIOGRAPHIE

ALAIN, Jean-Marc, *Pour une gestion adaptée des services documentaires*, Montréal, Agence d'ARC, 1988, 141 p.

BOURGET, Manon et collab., *L'indispensable en documentation, les outils de travail*, Sainte-Anne-de-la-Pocatière (Québec), APTDQ, 1990, 201 p.

CALIXTE, Jacqueline et Jean-Claude MORIN, *Management d'un service d'information documentaire*, Paris, Les Éditions d'organisation, coll. « Systèmes d'information et de documentation », 1985, 242 p.

CHAPITRE XVI

Informatique et terminologie

16.1 INTRODUCTION

L'informatique et la terminologie ne sont pas, l'une pour l'autre, de parfaites inconnues. Elles sont associées depuis le milieu des années 60 au stockage et à la diffusion des données terminologiques dans l'élaboration de vastes bases de données spécialisées, appelées banques de terminologie. L'expérience acquise a permis de mettre au point des logiciels de constitution et d'exploitation de fichiers terminologiques de toute taille. Ces fichiers devront éventuellement s'intégrer aux programmes de traduction assistée par ordinateur (TAO) selon des modalités qu'il appartiendra aux spécialistes de la TAO et aux terminologues de déterminer conjointement, même si cette possibilité apparaît comme encore lointaine. Enfin, les méthodes de travail elles-mêmes sont soumises à diverses expériences d'automatisation. Dans certains cas, le stade expérimental est même dépassé : il en est ainsi, notamment, du poste de travail du terminologue au Secrétariat d'État, à Ottawa.

16.2 BANQUES DE TERMINOLOGIE

Les banques de terminologie sont des bases de données spécialisées qui ont pour but d'emmagasiner l'information terminologique existante et de la relayer à des abonnés qui leur sont directement reliés ou qui y ont accès grâce à des disques optiques compacts (CD-ROM). Ces banques sont d'une très grande capacité. Devenues passablement conviviales, elles occupent une place de plus en plus importante parmi les outils indispensables aux utilisateurs de terminologie.

L'unité d'information de base des banques de terminologie est la fiche terminologique, dont la rédaction doit répondre aux critères de validité reconnus par la profession : information attestée par des sources valables et dûment référencée, contextes significatifs, classement par domaines et sous-domaines. L'accès à la fiche peut se faire par toutes les clés déclarées. La clé la plus généralement utilisée est l'unité terminologique, totale ou partielle, dans l'une ou l'autre des langues d'exploitation de la banque. Aux fins de la recherche thématique, l'accès par domaines et sous-domaines est très utile. L'accès par élément de l'unité terminologique est particulièrement précieux lorsque l'usager ne trouve pas directement la solution de son problème. Les éléments fournis par une interrogation fragmentaire lui permettent souvent de déduire une solution plausible à défaut d'être attestée. Supposons qu'on cherche l'équivalent de *capital asset pricing model* en français. Une première consultation à partir de l'unité complète ne donne rien. En découpant l'unité en éléments (*capital asset, pricing model, pricing, model*), il sera possible d'obtenir des données d'où l'on pourra inférer un équivalent au terme de départ. Cette opération suppose évidemment, chez le consultant, une bonne connaissance du domaine de référence. Il en est de même pour l'accès aux fiches dites « de travail » et du recours à la recherche « plein texte » qui permet d'inventorier tous les champs de la fiche à la recherche d'un terme ou d'une expression.

Pour les langagiers professionnels, la quantité d'informations fournie est souvent plus importante que la qualité. Ils sont souvent en mesure de séparer le bon grain de l'ivraie et d'exploiter même l'ivraie pour adapter des solutions à leur situation de communication.

La communication avec les banques peut se faire par ligne téléphonique à l'aide d'un modem raccordé à un micro-ordinateur ou à un terminal. La consultation entraîne généralement des frais (droits d'abonnement, tarification des temps de consultation). Pour pallier les inconvénients du raccordement direct (frais, encombrement des lignes aux heures de pointe, etc.), certaines banques ont eu recours, pour desservir leurs abonnés, au disque optique compact à mémoire morte, communément appelé CD-ROM. Ces disques peuvent contenir tout le capital termi-nologique d'une banque. Ils sont consultables à partir d'un lecteur spécial. De nouvelles éditions peuvent être fournies aux abonnés périodiquement, moyennant un tarif convenu. Grâce aux possibi-lités offertes par les lecteurs multidisques, il est possible de regrouper dans un même poste de consultation plusieurs banques et plusieurs dictionnaires consignés sur ce support. Les réseaux locaux, de plus en plus répandus, offrent également cette possibilité.

Il va sans dire que, pour justifier leur existence et les frais d'abonnement, les banques doivent offrir une information à jour dans de nombreux domaines. Elles doivent donc être alimentées par des équipes de terminologues compétents qui gèrent le fonds terminologique et l'enrichissent de leurs travaux. Il ne faut pas retrouver, sous une forme automatisée, la désuétude souvent reprochée aux ouvrages sur support papier.

16.3 Fichiers terminologiques

Les banques de terminologie n'ont pas éliminé la nécessité de fichiers centraux ou individuels constitués pour répondre à des besoins particuliers. Jusqu'à une date relativement récente, les fichiers de ce type étaient constitués manuellement sur des fiches papier classées par ordre alphabétique et accessibles uniquement par leur vedette. L'avènement de la micro-informatique a permis d'envisager l'automatisation de ces fichiers, ouvrant ainsi la voie à de meilleures possibilités d'exploitation et à la mise en commun des fichiers individuels.

Avant de décider d'automatiser un fichier terminologique, il faut identifier clairement les utilisateurs du fichier qui doit faire l'objet de l'opération, en définir la taille et déterminer le type d'exploitation qu'on veut en faire. De ces précisions dépendent le choix du logiciel à utiliser et des ressources à mettre en œuvre.

Quel que soit le type de fichier à traiter, le logiciel retenu doit avoir certaines caractéristiques touchant la saisie et le transfert des données, l'accès à l'information et la structure interne du fichier.

16.3.1 Simplicité de la saisie

La saisie des données doit être simple. Plus la saisie est simple, moins il y a de risque d'erreurs. De plus, la simplicité du protocole de saisie permet de confier l'opération à des préposés à la saisie, sous la surveillance du terminologue responsable. Cette possibilité est particulièrement précieuse si le fichier à automatiser compte déjà un nombre important de fiches jugées valables. Le programme de saisie doit en outre permettre la vérification orthographique des fiches afin d'éviter les coquilles qui risquent de rendre introuvable l'information utile. Il doit de plus assurer un contrôle de validité, attestant que chaque fiche emmagasinée comporte bien tous les éléments essentiels définis par le terminologue responsable.

16.3.2 Simplicité d'importation

Cette simplicité de la saisie doit être doublée d'une simplicité d'importation, c'est-à-dire offrir la possibilité de transporter directement dans le fichier de l'information venue d'un autre système (fichier, traitement de texte, etc.).

16.3.3 Accès

L'accès à l'information doit permettre de tirer le meilleur parti possible de la matière stockée. Les fiches doivent être accessibles par les unités terminologiques, abréviations et synonymes compris, déclarées dans l'une ou l'autre des langues de travail du fichier. Les éléments d'une unité terminologique complexe doivent également être accessibles. L'exploitation thématique d'un fichier exige l'accessibilité par les domaines et sous-domaines figurant sur les fiches.

16.3.4 Convivialité

La convivialité, c'est-à-dire la facilité d'exploitation du fichier, est également une caractéristique importante. L'expérience nous apprend que l'usager qui doit se soumettre à un long apprentissage pour consulter un fichier préférera s'en abstenir. Il est donc particulièrement souhaitable que la procédure d'interrogation soit simple et puisse être maîtrisée moyennant une brève initiation. En outre la possibilité d'afficher synoptiquement les unités terminologiques, sous la forme de lexique ou dans un contexte sommaire permettra de mieux orienter la consultation.

16.3.5 SOUPLESSE DE LA STRUCTURE INTERNE

La structure interne du fichier doit être souple et évolutive. Les champs réservés aux diverses catégories de données doivent être de longueur variable pour s'adapter aux diverses situations qui peuvent se présenter (longs contextes, unités terminologiques à déterminants multiples, sources complexes, etc.). Il importe aussi qu'un champ inoccupé n'accapare pas d'espace mémoire. La structure doit aussi permettre le tri des données selon des paramètres et un ordre définis. Enfin, l'usager doit pouvoir faire décoder par le système toutes les abréviations et symboles utilisés sur les fiches.

16.3.6 POSSIBILITÉS D'EXPORTATION

Pour exploiter le contenu du fichier sur des supports papier, par exemple mise au point de lexiques ou de vocabulaires thématiques en vue d'une publication commerciale, il faut pouvoir exporter des parties du fichier (sélection des fiches par domaines et sous-domaines, transfert des champs, ordre du transfert) sur un autre support qui pourra faire l'objet d'un traitement éditique.

Telles sont les caractéristiques générales que devrait offrir tout logiciel de traitement d'un fichier terminologique. D'autres caractéristiques pourront être exigées selon le type, la taille et la vocation du fichier.

Pour un fichier individuel de traducteur, de taille modeste, soit de 5 000 à 10 000 fiches, le logiciel pourrait être linéaire, c'est-à-dire permettre une simple consultation des fiches par les clés d'accès déclarées sans autre forme de traitement. Toutefois, l'utilisation que le traducteur fait de son fichier exige ce qu'on appelle en jargon informatique la « corésidence » avec un programme de traitement de texte pour pouvoir consulter le fichier sans avoir à sortir de ce programme.

Pour un fichier centralisé, consultable par plusieurs usagers, pouvant grouper jusqu'à 50 000 fiches, le logiciel doit avoir la capacité de traitement qui lui permet de gérer cette quantité considérable d'informations et d'assurer des temps de réponse relativement courts. Il est important dans ce cas d'assurer la protection du contenu pour empêcher, par exemple, qu'un usager non autorisé n'intervienne directement dans le fichier pour ajouter, soustraire, modifier ou copier des éléments. La gestion de ces gros fichiers doit être centralisée et facilement contrôlable. Enfin, grâce à l'avènement d'intégrateurs, type Microsoft Windows, il est possible d'envisager le traitement multitâche et l'exploitation en réseau.

16.4 INTÉGRATION DES FICHIERS AUX PROGRAMMES DE TAO

La terminologie n'est pas la première discipline langagière à avoir sondé les possibilités offertes par l'informatique. La traduction automatique, depuis le début des années 60, a cherché à faire produire par l'ordinateur des textes traduits. Si les résultats dans ce domaine ont rarement été à la hauteur des attentes, il reste que les recherches ont favorisé la mise au point de programmes de traduction assistée par ordinateur (TAO) qui, dans certaines applications, peuvent être productifs. Les terminologues se demandent si les fichiers terminologiques peuvent être intégrés dans les dictionnaires de TAO. Dans l'état actuel des connaissances et des techniques, les programmes de TAO ne pourraient permettre qu'une utilisation très restreinte et très circonscrite des fichiers terminologiques. Ces programmes gèrent mal l'ambiguïté. Ils ne peuvent, par exemple, distinguer *pricing model*, locution verbale, de *pricing model*, syntagme nominal. L'exploitation directe, sans intervention humaine, des fichiers terminologiques pourrait donc être trop génératrice de bruits pour être vraiment opérationnelle. Il faudra sans doute attendre les progrès de l'intelligence artificielle pour rendre cette intégration fonctionnelle.

16.5 MÉTHODES DE TRAVAIL

L'automatisation des méthodes de travail en terminologie suppose un certain nombre de conditions préalables, sans lesquelles les avantages de l'automatisation risquent d'être effacés par les inconvénients d'une mauvaise application. Nous rendons compte ici des recherches de Dumas et Plante ainsi que de celles d'Auger et ses collaborateurs.

Le terminologue appelé à travailler avec l'assistance informatique doit pleinement maîtriser les méthodes de travail artisanales de la démarche terminologique, à toutes ses étapes. Il doit savoir identifier un terme et le découper. Il doit pouvoir circonscrire un contexte en fonction de la richesse de son contenu sémantique, à l'aide des descripteurs pertinents. L'automatisation ne saurait être un palliatif de ses carences. À cette compétence linguistique doit s'ajouter une bonne connaissance du domaine de sa recherche. Alors que dans la démarche classique, le terminologue approfondissait sa connaissance du domaine au fur et à mesure de ses dépouillements, cette ressource disparaît avec l'automatisation puisque, comme nous le verrons plus avant, c'est la machine qui lit les documents à dépouiller. Il lui faudra donc acquérir cette connaissance autrement, par exemple par des lectures et des études. Une bonne connaissance du domaine est en effet indispensable pour juger de la pertinence des unités terminologiques, saisir les notions et assurer leur recoupement interlangue.

16.5.1 SAISIE DU CORPUS

L'automatisation des méthodes de travail suppose un corpus de textes sous une forme directement exploitable par la machine, qu'il s'agisse de textes déjà en format ASCII (disquettes fournies par les bases de données documentaires) ou de documents saisis par lecture optique ou manuellement par traitement de texte.

Les disquettes provenant des bases de données ne posent pas d'autres problèmes que celui de leur acquisition. La saisie par lecture optique ne semble pas encore la solution idéale. La fidélité de lecture, en dépit d'un coefficient d'erreurs assez bas, laisserait encore à désirer. Le procédé reste assez coûteux. Pourtant l'avenir laisse entrevoir une réduction sensible des coûts des lecteurs, ce qui pourrait en généraliser l'utilisation. Quant à la saisie par traitement de texte, son efficacité repose essentiellement sur la compétence du personnel qui s'en charge. Mais, même dans les meilleures conditions, elle reste relativement lente et onéreuse.

En raison de ces difficultés, le corpus d'une recherche informatisée doit faire l'objet d'une sélection rigoureuse. Ce n'est pas le nombre, mais la qualité des ouvrages à dépouiller qui importe. Les risques d'avalanche de données sont d'autant plus grands que la machine possède une bonne capacité d'ingestion et de digestion. Pour éviter l'engorgement par les informations parasites, on appliquera avec rigueur les critères de sélection de la documentation, prévus dans la recherche artisanale (textes originaux, langue de rédaction soignée, orientation pédagogique, autorité de l'auteur, représentativité du document à l'égard du domaine de référence).

16.5.2 DÉPOUILLEMENT ASSISTÉ PAR ORDINATEUR

Grâce aux logiciels d'analyse syntaxique, il est possible de soumettre les textes sélectionnés à un premier dépouillement automatique qui produirait une première liste de mots. Cette liste jette les bases de la nomenclature.

Pour y arriver, il faut définir informatiquement le mot, par exemple comme un assemblage de lettres précédé et suivi d'un espace, le trait d'union étant considéré comme une lettre et l'apostrophe, la virgule, le point, les guillemets et les parenthèses comme un espace. Ainsi, dans la phrase suivante : « L'appréciation des forces et faiblesses (ou facteurs de risques) permettrait de quantifier les résultats considérés par l'évaluateur-conseil comme normaux pour le passé et l'avenir. » L'analyse automatique pourrait, d'après la définition du mot qu'on lui a donnée, retenir : /appréciation/ /des/ /forces/ /et/ /faiblesses/ /ou/ /facteurs/ /de/ /risques/ / permettrait/ /de/ /quantifier/ /les/ /résultats/ /considérés/ /par/ /évaluateur-conseil/ /comme/ /normaux/ /pour/ /le/ /passé/ /et/ /avenir/. Ce résultat est sans intérêt. Il reproduit pratiquement le texte lu. C'est pourquoi la définition du mot doit s'accompagner d'un corpus d'exclusion ou anti-dictionnaire qui a pour rôle d'éliminer les formes non susceptibles de représenter une unité terminologique, par exemple, les assemblages de trois lettres ou moins, les assemblages qui se terminent par -ment (adverbes en -ment), la liste des prépositions et conjonctions, des pronoms personnels et autres ainsi que celle des adjectifs possessifs, démonstratifs, indéfinis, etc. Ces corpus d'exclusion comportent toujours des risques d'écarter des formes qui sont effectivement des unités terminologiques.

La machine produirait ainsi une première liste de mots que le terminologue va épurer en marquant chaque mot qui lui paraît susceptible soit d'être une unité terminologique, soit de faire partie d'une unité. Ainsi, dans la liste établie par la machine – qui comprend les mots suivants : *appréciation*, forces*, faiblesses*, facteurs*, risques*, permettrait, quantifier, résultats, considérés, normaux,* *évaluateur-conseil*, passé, avenir –,* seuls les mots marqués d'un astérisque seraient retenus.

Certains logiciels d'indexation accompagnent les mots retenus d'un relevé des fréquences d'apparition. Ces statistiques permettent de tenir compte de la fréquence comme indice de pertinence. On se gardera toutefois de donner une valeur absolue aux indices de fréquence, car ils peuvent aussi induire en erreur. La connaissance du domaine sera le meilleur atout du terminologue à cette étape.

Les mots marqués constitueront un premier niveau de nomenclature qu'il faudra compléter par la liste des formes syntagmatiques ou unités terminologiques complexes. À partir des mots marqués, il faut définir, selon les langues, des modèles morphologiques susceptibles de recouvrir les unités complexes. Par exemple, pour le français, on pourrait définir les modèles suivants : mot marqué + préposition + mot (modèle de syntagme avec complément déterminatif), mot marqué + mot (modèle de mot composé par juxtaposition des éléments nom et adjectif); l'ordre inverse pourrait aussi être appliqué. Dans notre mini-liste, deux syntagmes seraient ainsi dégagés : *appréciation des forces, facteurs de risques.* Le contrôle humain de la liste des syntagmes permettrait d'étoffer le premier en reconstituant la chaîne *appréciation des forces et des faiblesses;* le second serait retenu tel quel. La fusion des deux listes donnerait : *appréciation des forces et des faiblesses, facteurs de risques, résultats* et *évaluateur-conseil.* Dans une recherche thématique élargie, la liste fusionnée représentera la nomenclature.

Pour contrôler la pertinence de ses choix, le terminologue élaborera son arbre de domaine pour classer chaque unité retenue, comme on le fait dans le processus classique de classement des unités terminologiques. Pour l'instant, les ressources de l'automatisation ne semblent pas pouvoir être mises à contribution pour élaborer un arbre de domaine.

16.5.3 DÉCOUPAGE DES CONTEXTES

L'arbre de domaine une fois élaboré, les unités terminologiques sélectionnées, découpées et classées, il reste à procéder au découpage des contextes, étape capitale de l'analyse terminologique.

Pour chaque terme de la nomenclature, le programme d'analyse textuel ou d'indexation permettra d'aller chercher les contextes d'utilisation. Ce travail va se faire en deux étapes.

La première consiste à définir le module de découpage. Deux possibilités s'offrent ici, soit la définition d'un module de longueur arbitraire, par exemple la ligne où apparaît l'unité terminologique, celle qui la précède et celle qui la suit, soit l'adoption d'un module grammatical, comme la phrase où figure l'unité terminologique, c'est-à-dire l'énoncé complet qui entoure l'unité terminologique compris entre deux points ou entre le mot initial d'un paragraphe et un point.

Les deux modes de découpage présentent des avantages et des inconvénients. Dans le cas du découpage par module arbitraire, le terminologue doit intervenir manuellement pour délimiter tous les contextes retenus, mais les risques de pertes d'informations significatives sont réduits. Dans le cas du module grammatical, l'énoncé est cohérent mais la phrase n'est pas toujours un véhicule suffisant pour contenir tous les traits sémantiques pertinents révélés par le texte. Il appartient alors au terminologue de vérifier les phrases adjacentes pour s'assurer qu'il n'y a pas omission de traits sémantiques significatifs. À ce stade, l'intervention du terminologue vise donc à assurer, pour chaque contexte significatif, la cohérence de lecture et la présence du maximum de traits sémantiques pertinents.

À la fin de cette première étape, le terminologue procède au choix du meilleur contexte pour chaque terme de la nomenclature, c'est-à-dire du contexte qui atteste le mieux le rapport du terme à sa notion.

16.5.4 RÉDACTION DE FICHES UNILINGUES

Grâce au programme d'indexation, le terme marqué et le contexte retenu sont automatiquement référencés (source et page); il est donc possible alors de transférer ou d'exporter dans les champs pertinents de la fiche terminologique (unité terminologique, source, page, contexte) les informations recueillies, sans avoir à les recopier. Ce transfert permet la création de fichiers terminologiques unilingues. Pour établir un fichier bilingue ou multilingue, il faut procéder à l'appariement manuel des termes dans les diverses langues de travail, en comparant les descripteurs, ou traits notionnels, fournis par les contextes consignés sur les fiches.

16.5.6 RÉDACTION DE LA FICHE COMPLÈTE

Une fois le crochet terminologique repéré, il s'agit de fusionner les fiches unilingues visées et de compléter manuellement les informations nécessaires à la validité de la fiche : datation, marques grammaticales, logiques ou d'usage, le cas échéant, ainsi que les mentions de domaine et sous-domaines conformément au classement de l'arbre.

16.6 UNE DÉMARCHE PLUS PROMETTEUSE : LE PROGICIEL TERMINO

La démarche analytique précédemment décrite comporte bien des aléas, que le progiciel Termino, mis au point par le centre d'ATO de l'Université du Québec à Montréal, permet d'atténuer considérablement. Ce progiciel, au lieu de recourir à des patrons de fouille, applique une technique d'analyse morphosyntaxique qui, sans éliminer l'intervention du terminologue à diverses étapes de sa démarche, permet de fournir des données plus sûres et plus efficaces. Il permet en outre de mieux intégrer la sélection des contextes au processus global de la recherche.

Malheureusement, ce progiciel ne s'applique pour l'instant qu'aux textes français. Son utilité en terminologie bilingue s'en trouve donc réduite.

Pour en savoir davantage sur ce progiciel, on lira avec profit les textes de Jean Perron, de Sophie David et de Pierre Plante, cités dans la bibliographie à la fin du présent chapitre.

16.7 COROLLAIRES

L'intervention manuelle reste un facteur très important de la terminologie assistée par ordinateur. En raison même de cette importance, la compétence du terminologue intervenant doit être assurée, notamment en ce qui concerne la connaissance du domaine de la spécialité étudiée. Le dernier mot n'est sans doute pas dit. Les progrès de l'intelligence artificielle pourront peut-être un jour permettre l'identification des descripteurs et l'appariement interlangue automatique des notions. Nous n'en sommes pas encore là.

Il ne faut pas croire non plus que l'automatisation de la terminologie pourra permettre aux spécialistes de se passer du concours des terminologues pour établir le vocabulaire de leur spécialité. Le travail terminologique exige une compétence linguistique qui permet, notamment, de découper les termes et de rattacher à ces termes les traits sémantiques pertinents. Le spécialiste peut certes acquérir cette compétence, mais il lui faut se soumettre au même apprentissage que le terminologue. Automatisation ou non, le jumelage terminologue-spécialiste reste une clé indispensable du sérieux du travail terminologique.

BIBLIOGRAPHIE

AUGER, Pierre et collab., « Automatisation des procédures de travail en terminologie », dans *Meta, journal des traducteurs,* Montréal, Presses de l'Université de Montréal, vol. 36, n° 1, mars 1991, p. 121-127.

CORBEIL, J. C., « Terminologie et banques de données d'information scientifique », dans *Actualité terminologique,* Ottawa, Secrétariat d'État, n° 23, 1988, p. 5 et 6.

DAVID, S. et P. PLANTE, « Le progiciel Termino : de la nécessité d'une analyse morphosyntaxique pour le dépouillement terminologique des textes », dans *Les Industries de la langue,* Perspectives des années 1990, Actes du colloque, Office de la langue française et Société des traducteurs du Québec, tome I, p. 71-87.

PERRON, Jean, « Présentation du progiciel de dépouillement terminologique assisté par ordinateur : Termino », dans *Les Industries de la langue,* Perspectives des années 1990, Actes du colloque, Office de la langue française et Société des traducteurs du Québec, tome II, p. 715-755.

– « Terminologie et traduction automatique», interview de Pierre Isabelle, dans *Terminogramme,* Québec, Office de la langue française, n° 46, 1988, p. 16-19.

PLANTE, Pierre et Lucie DUMAS, « Le Dépouillement terminologique assisté par ordinateur », dans *Terminogramme,* Québec, Office de la langue française, n° 46, 1988, p. 24 et suivantes.

INDEX